KB136030

10대를 위한 완벽한
성장형 공부법

10대를 위한 완벽한

성장형 공부법

4차 산업혁명 시대, 미래 인재를 만드는 마인드셋, 학습력, 미래역량

2019년 10월 5일 초판 1쇄 발행

지은이	이재훈
펴낸이	안호헌
아트디렉터	박신규
교정·교열	김수현
펴낸곳	도서출판 흔들의자
	출판등록 2011. 10. 14(제311-2011-52호)
	주소 서울 강서구 가로공원로84길 77
	전화 (02)387-2175
	팩스 (02)387-2176
	이메일 rcpbooks@daum.net(편집, 원고 투고)
	블로그 http://blog.naver.com/rcpbooks

ISBN 979-11-86787-19-9 43370

ⓒ이재훈 2019. Printed in Korea

＊이 책은 저작권법에 따라 보호받는 저작물이므로 무단 전재 및 무단 복제를 금지합니다.
　따라서 이 책 내용의 전부 또는 일부 내용을 재사용 하시려면 사용하시기 전에 저작권자의 서면 동의를 받아야 합니다.

＊책값은 뒤표지에 있습니다.
＊파본이나 잘못된 책은 구입하신 곳에서 교환해 드립니다.

＊이 도서의 국립중앙도서관 출판예정도서목록(CIP)은 서지정보유통지원시스템 홈페이지(http://seoji.nl.go.kr)와
　국가자료공동목록시스템(http://www.nl.go.kr/kolisnet)에서 이용하실 수 있습니다. (CIP제어번호 : CIP2019033696)

10대를 위한 완벽한

성장형 공부법

4차 산업혁명 시대, 미래 인재를 만드는
마인드셋, 학습력, 미래역량

이재훈 지음

꿈을 향해 나아가는
모든 청소년과 학부모님을 응원합니다

"공부를 잘하는 방법은 무엇인가요? 공부하기 너무 힘들어요. 진로, 직업은 어떻게 선택해요? 어떻게 하면 성공해서 돈도 많이 벌고 행복하게 살 수 있어요? 4차 산업혁명 시대라고 하는데 우리는 무엇을 어떻게 해야 하나요? 직업이 없어져요? 공부를 해도 자꾸 딴생각이 나요. 제 마음 저도 잘 모르겠어요. 어떻게 해야 작심삼일이 안 될까요? 지필 평가를 망쳤어요. 자퇴해야 할까요? 수능 시험 망치면 어떻게 해요? 진로를 바꾸면 수시에 손해인가요? 머릿속이 너무 복잡하고 정리가 안 돼요. 수학이 정말 싫은데 꼭 해야 하나요? 학생부와 자소서는 다른 친구들처럼 컨설팅 받아야 하나요? 과연 더 나은 세상이 올까요? 지금 이렇게 힘든데요?"

"아이가 마음이 없는 것 같아요. 어떻게 해야 마음먹고 공부할까요? 공부보다 인성이 먼저 아닌가요? 선행 공부가 가장 중요한 것 아닌가요? 자소서 잘 쓰면 내신이 나빠도 좋은 대학 갈까요? 우리 아이들 미래가 걱정이에요. 도통 아이와 대화가 안 돼요. 아이들이 사회에 진출했을 때 정말 갖추어야 할 역량은 무엇인가요? 지금 아이들에게 무엇을 가르쳐야 하죠? 아이들의 미래를 위해 엄마 아빠가 지금 무엇을 해주어야 할까요?"

　엄마, 아빠의 마음으로 중·고등학교 자녀를 위해 쓴 《최강공부법》은 고등학교 공부와 수능, 수시, 학생부와 자소서, 인강, 과목별 공부법 등 공부와 입시의 모든 것을 소개하고 생각하는 힘과 실천하는 방법을 아낌없이 담아냈습니다. 많은 사랑과 관심으로 베스트셀러를 넘어 스테디셀러로 꾸준히 사랑 받고 있지만 이처럼 수많은 학생, 학부모님들은 여전히 궁금하고 답답해합니다. 2020년부터 국내 초·중·고등학교에서 기업가 정신을 가르치게 됩니다. 일부 지역의 발 빠른 학부모님들은 벌써 사교육을 찾지만 관련된 자료를 찾고 이해하기가 쉽지 않습니다. 일부 교육 단체와 사교육은 잘못된 이해로 학생들에게 창업하라고 부추깁니다. 학생들은 또 다른 시험의 요소가 될까 걱정이 큽니다. 새로운 논술 시험 바칼로레아도 두려움과 걱정의 대상입니다. 시대는 4차 산업혁명으로 모든 것이 연결되고 융복합하는 세상이 왔다고 하는데 막상 무엇이 바뀌었고 어떻게 대응해야 할지 막막하기만 합니다. 당장 학교 성적부터 올려서 원하는 학과, 대학에 가는 것을 최고의 선택이라고 생각합니다.

공부를 잘하는 학생들, 삶과 인생에서 성공한 사람들, 인생에서 행복을 느끼고 더 나은 세상을 만들려는 사람들의 공통점은 무엇일까요? 세계경제포럼에서 강조한 핵심은 무엇일까요? 미국, 유럽의 학부모들과 유대인들은 자녀들에게 무엇을 가르칠까요?

공통된 핵심은 바로 "성장형 공부법" 입니다. 성장형 공부법은 마인드셋, 학습력, 미래 역량이라는 골든 서클로 만들어집니다. 마음을 먹는 마인드셋을 성장시키면 성공과 실패에서 배우고 학습하여 새로운 도전을 하며 목표를 행해 나아갈 수 있습니다. 학습력을 성장시키면 어떠한 공부라도 공부의 목적, 방법, 결과를 이해하고 원하는 결과를 성취할 수 있습니다. 미래 역량을 성장시키면 현재를 바꾸고 미래를 자신의 것으로 만들 수 있게 됩니다.

《완벽한 성장형 공부법》은 청소년들이 경험할 새로운 미래, 현재를 점검하고 미래를 만드는 방법, 성장형 마인드셋으로 자신을 성장시키는 방법, 자신의 꿈과 미래를 위해 빅 픽처와 꿈 모듈, 퍼즐 조각을 만들어 꿈을 이루어 나가는 방법, 완벽한 성장형 공부법을 나의 것으로 만드는 방법, 성장형 공부법을 실제로 고등학교 학업, 성적 향상에 적용하는 방법 등 쉽고 재미있게 다양한 그림과 사례로 설명했습니다. 마지막은 청소년을 위한 다양한 주제의 명언들을 소개하여 청소년들을 격려하고 응원하며 함께 할 것입니다. 현재와 미래는 자신의 꿈과 노력, 믿음과 도전, 세상과 연결하여 자신을 지속적으로 성장시킬 때 변화하고 바뀌며 나의 것으로 만들 수 있습니다. 완벽한 성장형 공부법은 여러분의 친구가 되어 성장을 응원하고 힘이 될 것입니다.

꿈을 향해 나아가는 모든 청소년과 학부모님을 응원합니다.

이재훈

Contents

서문_꿈을 향해 나아가는 모든 청소년과 학부모님을 응원합니다 4

Secret 1 새로운 미래, 4차 산업혁명과 미래 인재의 역량

혁명? – 세상이 편해지는데 왜 혁명이죠? 14   산업혁명을 알아볼까요? 15
불확실성의 시대 17   일과 일자리가 사라지나요? 18   어떤 일자리가 사라지
나요? 생겨나는 일자리는요? 19   러다이트 - 변화를 막을 수 없어요? 19   혁
신이 뭔가요? 왜 빨라진다고 해요? 21   전뇌화, 브레인 임플란트 – 인공 지능
의 대안일까요? 22   빅뱅 파괴 – 우주가 폭발하나요? 23   유니콘, 데카콘 -
상상 속 뿔 달린 말이 나타났어요 24   공부 잘하면 되는 것 아닌가요? – 미래
역량의 변화 25   평생 학습 – 미래 역량을 준비하는 도구 28   호모 컨버전스
– 초연결, 융복합하는 미래 인재 30

Secret 2 현재를 점검하고 미래를 만든다

세상에 외쳐라, 인생의 주인은 바로 나!! 34   생각을 만드는 인피니트 스톤 -
가치, 관점, 신념 43   학습과 공부 - 이유를 알면 길이 보인다 52   마인드, 합
리적 낙관주의, 용기 57   학습을 혁신하자- 메타인지, 러닝 피라미드, 질문
62   생각과 질문을 혁신하자 - 성장형 질문, 질문의 골든 서클 73   연결하면
변화와 기회가 보인다 83

Secret 3 성장형 마인드셋으로 미래를 열어라

기업가 정신이 무엇인가요? **90** 마인드와 마인드셋 **94** 성장형 마인드셋의 특징- 아직! 믿음, 협업, 신뢰, 다양성, 감정, 복원력 **99** 성장형 마인드셋을 갖추면 미래가 열리나요? - 역량 만들기 **110** 성장형 마인드셋의 주인은 바로 나 - 자아개념 만들기 (자신감, 자부심, 자긍심, 자기 효능감, 자기 진정성) **115** 성장형 마인드셋 - 학습된 무기력을 찾아라 **127** 성장형 마인드셋 - 학습된 무기력 극복하기 **129**

Secret 4 큰 그림(Big Picture)을 그리고 퍼즐 조각으로 나누어라

빅 픽처(Big Picture) - 크고 넓게 바라보는 힘 **138** 빅 픽처 - 꿈 저장소에 저장하고 혁신하라 **144** 빅 픽처 - 성공적인 꿈 모듈 만들기 **148** 두뇌와 밀당하기, 두뇌의 습관회로 만들기-습관 시도, 습관 형성, 습관 각인 **154** 큰 그림을 그리는 목표 설정 방법 **163**

Secret 5 완벽한 성장형 공부법으로 무한 성장하라

나를 알아보자. SWOT 분석 – 나를 알아가는 첫 단계 176   학습 능력 측정 – 나의 학습 능력을 점검하고 보완하여 성장시킨다 180   독서 – 나를 성장시키고 세상에 연결하는 힘 192   협력, 협업 – 너와 나, 우리의 힘 194   디자인 씽킹 – 전뇌 사고방식과 협업으로 복합 문제를 해결한다 197   민첩한 성장형 공부 – 연결, 감지, 분석, 실행, 확장과 초연결 202   생각을 정리하는 도구 209   생각 정리 기술 214

Secret 6 성장형 공부법을 연결하라

점(dot)을 선(line)으로 연결하기 220   ZPZG – 나의 공부 빅 픽처와 상대 분석하기 226   공부의 빅 픽처 – 3년 공부를 빅 픽처로 분석하고 퍼즐 조각으로 쪼갠다 229   점검, 또 점검, 그리고 보완하고 성장하기 234   학생부 종합 – 성적, 자소서, 면접, 전형 평가 요소의 융복합 결과물 236   자기 소개서 – 질문의 골든 서클로 스토리를 만드는 공부 241   독서, 신문 읽기 – 세상의 지혜를 모아라 244   꿈 너머의 꿈 – 전공, 대학 진학, 진로 선택 이후에는? 246

Secret 7 청소년을 위한 인생 조언 명언

빅 픽처와 꿈을 위한 조언 250

용기와 열정, 노력을 위한 조언 253

시련과 좌절, 실패에서 일어서는 조언 256

아직!! 더 성장할 수 있다는 믿음이 현재와 미래, 인생과 삶을 바꿉니다 262

Secret 1

새로운 미래,
4차 산업혁명과 미래 인재의 역량

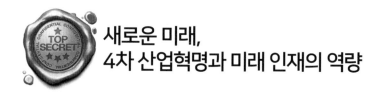

새로운 미래,
4차 산업혁명과 미래 인재의 역량

혁명? – 세상이 편해지는데 왜 혁명이죠?

페북이나 인스타, 유튜브에서 4차 산업혁명이라는 말을 들어
보았을 겁니다. 우리는 4차 산업혁명 시대를 살고 있습니다. 혁명이
라고 하는데 알쏭달쏭 하죠? 생활의 일부가 되어 실감을 못합니다.
공항에서 안내 로봇과 청소 로봇을 만날 수 있고 로봇 바리스타가
커피를 만듭니다. 인공지능 알파고가 이창호 9단을 이겼다는 사실
을 기억하나요? 평창 올림픽에서 본 드론은요? 네이버, 구글, 유튜
브에 접속하면 맞춤형 광고가 뜹니다. 추천 상품도 마음에 들지요.
무인 버스 '제로셔틀'도 볼 수 있습니다. 스마트폰만 있으면 전동 킥
보드를 빌려 타고 원하는 장소에 두면 됩니다. 인공지능 스피커는
똑똑한 친구가 되었습니다. 택배도 드론이 대신하고 하늘을 나는
택시도 선보입니다. 점점 편리해지는 것 아닌가요? 그런데 왜 혁명
이라고 할까요?

혁명은 급격한 변화를 말합니다. 인류는 4번의 혁명을 경험했습니다. 7만 년 전 인지혁명, 1만 년 전 농업혁명, 5백 년 전 과학혁명, 그리고 2백 년 전 산업혁명입니다. 인지혁명 시기에 언어를 사용하게 되었고 농업혁명으로 문명이 시작되었지요. 과학혁명은 신에게서 인간으로 관심이 옮겨지면서 과학 발전을 만들었고 산업혁명은 대량생산, 대량 소비 시대를 열었습니다.

산업혁명을 알아볼까요?

산업혁명은 과학기술의 급격한 발달로 사회, 경제, 문화 등 인류의 삶을 혁명적으로 바꾼 변화입니다. 이전에는 자연과 동물의 힘을 빌렸어요. 풍차, 선박은 바람의 힘을 이용하고 빠른 말로 이동하고 소와 낙타로 물건을 끌었습니다. 제임드 와트가 만든 증기기관은 세상을 뒤흔들었습니다. 이 때를 1차 산업혁명으로 이야기합니다. 석탄을 태워 수증기를 이용하는 기계인 증기기관이 말, 바람보다 빠르게 동작했습니다. 증기기관을 이용한 기차와 배가 만들어져 더 많은 사람과 화물을 더 빠르게 날랐지요. 증기기관은 실과 옷감을 만드는 방직기, 방적기와 결합하면서 면직물의 대량 생산과 대량 소비 시대를 열게 되었지요. 석탄 산업이 발전하고 철강업도 발달하게 되고 사람들이 도시로 몰려들었습니다.

혁명은 한번으로 끝나지 않았습니다. 2차 산업혁명은 19세기

미국과 독일이 주도해서 증기기관보다 더 우수한 전기모터와 내연기관을 만들어 대량 생산, 대량 소비를 이끌었습니다. 1960년대 반도체가 개발되면서 3차 산업혁명 시대를 열었습니다. 컴퓨터, 로봇, 네트워크, 인터넷과 인공지능 등 정보화 혁명이 시작된 것입니다. 4차 산업혁명은 과학기술 혁명의 시대라고 합니다. 2015년 이후 인터넷, 클라우드, 빅데이터, 모바일, 인공지능, 로봇, 사물인터넷이 모두 연결되는 초연결 사회를 만들고 초지능의 시대를 만들고 있어요. 지금을 제 2의 기계시대라고 말하기도 합니다.

제임스 와트의 증기기관, 증기기관 방적 기계 Wikipedia

불확실성의 시대

4차 산업혁명이 만들어 가는 미래는 신속하게 우리가 예측하지 못한 방식으로 다가옵니다. 과거 세 번의 산업혁명보다 전파 속도, 범위와 영향력, 산업 혁명의 주기가 점점 빨라지고 있습니다. 그래서 현재와 미래를 불확실성의 시대라고 합니다.

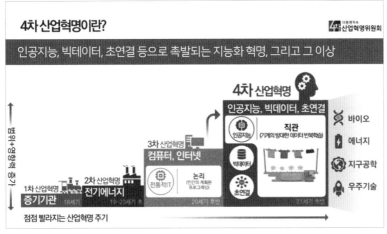

산업혁명의 구분 4차 산협혁명위원회

흰 백조들이 모여 있는 곳에 갑자기 검은 백조가 나타난다면 어떨까요? 예상하지 못했지만 치명적이고 큰 충격을 주는 사건을 검은 백조, 블랙스완이라고 합니다. 과학기술이 급격하게 발달하고 모든 것이 연결되어 융합되고 복합하여 상상이 현실이 되는 것이죠. 무인자동차는 현실이 되었고 하늘은 나는 택시는 곧 상용화 됩니다. 인공지능과 빅데이터, 로봇이 스스로 데이터를 모으고 학습하여 고도화된 지능화 시대를 열었습니다. 그런데 기계가 점점 똑똑해지면서 인간의 일을 대신하게 되었지요. 기계가 인간의 고유 영역으로 침투하면서 일과 일자리에 위협을 받게 되어 인류는 오히려 미래가 불확실하다고 생각하게 된 것입니다.

일과 일자리가 사라지나요?

전 세계의 지도자들이 모여 경제를 협의하는 세계경제포럼에서 '일자리의 미래'라는 보고서를 발표했습니다. 2020년까지 7백만 개의 일자리가 사라지고 지금 초등학생들은 현재 존재하지 않는 새로운 직업을 갖게 될 것이라고 했지요. 새로운 일자리도 생겨나지만 줄어드는 일자리 수가 훨씬 크기에 걱정이 되는 것입니다. 현재의 어떠한 일과 직업도 인공지능, 로봇, 기계와 빅데이터, 사물인터넷의 영향을 받지 않는다고 장담할 수 없으니까요.

인류는 과거에도 일자리 감소를 경험했습니다. 산업혁명으로 탈농촌화, 도시화에 따른 제 1의 실업 시대를 겪었습니다. 기계가 도입되고 자동화 기능이 구현되면서 제조업 근로자들이 대량해고 되는 제 2의 실업 시대를 경험했지요. 현 시대는 컴퓨터와 인공지능, 로봇 기술로 화이트칼라로 불리는 사무직 노동자들이 대량으로 해고되는 제 3의 실업 시대라고 말합니다

어떤 일자리가 사라지나요? 생겨나는 일자리는요?

전문가들은 사무직, 판매직, 기계를 조작하는 일은 곧 사라진다고 말합니다. 반면 의사, 상담사와 같이 다른 사람을 직접 상대해야 하는 전문직은 지속된다고 하지요. 새롭게 탄생하거나 유망한 일자리는 전문 직군과 컨설팅, 미디어, 커뮤니케이션 직군 등 창의성, 공감, 소통 역량을 요구하는 일자리입니다. 반복적이고 단순하며 누구나 할 수 있는 일은 기계가 대신하고 높은 지능을 요구하는 일자리들도 점차 인공지능과 빅데이터가 대신할 것으로 예상됩니다. 컴퓨터 전문가, 데이터 분석가 등 창의적 능력과 문제 해결 능력에 대한 일자리는 점점 더 많이 요구됩니다.

러다이트 - 변화를 막을 수 없어요?

산업혁명이 시작된 영국에서 기계 도입으로 노동자들이 일자리를 잃게 되자 이에 반발하여 인간과 굴착 기계가 시합을 벌였습니다. 존 헨리라는 노동자는 사력을 다해서 시합에서 이겼지만 경기 후 죽고 말았습니다. 이를 계기로 노동자들이 기계를 파괴하며 저항 운동을 했습니다. 이를 러다이트 운동이라고 합니다. 하지만 기계 도입과 시대적인 흐름을 막을 수 없었습니다. 독일과 프랑스가 자동차 엔진 개발에 이어 자동차를 양산하려 할 때 영국은 오히려 마차와 마부를 보호하려는 붉은 깃발법 법을 만들어 마부들의 일자리를 보호하려 했습니다. 그 결과로 독일과 프랑스에 비해 자동차 발전이 20년 이상 뒤처지게 되었습니다.

영국의 러다이트 운동, 붉은 깃발 법 History.com, BBC

4차 산업혁명으로 제 3의 실업 시대를 경험하자 선진국들은 새로운 러다이트 운동에 대응하고자 일을 하지 않아도 생계가 가능하도록 기본소득 제공 프로그램을 실험하고 있습니다. 대상자들에게 매달 1천 달러를 제공하고 이들의 변화를 탐구합니다. 페이스북의 마크 저커버그, 테슬라의 엘런 머스크도 실험에 동참하고 있습니다.

혁신이 뭔가요? 왜 빨라진다고 해요?

매미는 탈피를 하고 성충이 됩니다. 뱀은 1년에 2~3회 껍질을 벗지요. 사람의 피부 세포는 35일마다 죽고 다시 생겨납니다. 탈피 과정은 또 다른 성장을 의미합니다. 환골탈태라는 말은 시를 모방하는 환골, 뜻을 바꾸어 표현하는 탈태라는 말이 합쳐져 새로운 해석으로 가치를 더하는 것입니다. 혁신이라고 들어보았나요? 혁신은 낡은 가죽을 벗겨내고 그 속에서 새로운 과정을 찾는 행동입니다. 잘못된 습관이나 행동, 신념과 태도를 바꾸는 것도 개선이고 혁신입니다.

이런 혁신이 점점 빨라지고 있습니다. 산업혁명은 불과 200년이 안되었습니다. 1876년 전화가 발명되어 70년이 지나서야 모든 사람들이 전화를 쓰게 되었지요. 그리고 100년이 지난 후에야 인터넷이 개발됐습니다. 그런데 휴대폰은 10년 전에 도입되었지만 거의 모든 사람이 사용하고 있습니다. 혁신이 꼬리에 꼬리를 물고 연쇄 반응을 일으켜서 혁신의 속도를 더욱 빠르게 하는 것입니다. 인공지능의 역사는 50년 조금 넘었지만 딥 러닝 기술이 개발되어 인공지능 스스로 학습하여 혁신 주기를 더욱 단축시킬 수 있게 되었습니다. 기업들은 경쟁을 하지만 서로 협력하고 소통합니다. 인터넷상에서 서로 기술을 공개하여 수많은 사람들의 지혜와 기술을 복합하여 집단 지성을 만들지요. 4차 산업혁명을 이끄는 인공지능, 빅데이터, 로봇, 사물 인터넷 기술들이 이처럼 수많은 집단 지성의 힘으로 혁신 주기를 더욱 앞당기고 있습니다.

전뇌화, 브레인 임플란트 – 인공 지능의 대안일까요?

영화 아이언맨의 주인공 토니 스타크는 테슬라의 엘런 머스크가 모델입니다. 그는 스페이스X라는 회사를 만들어 2024년에 인류를 화성에 정착시키려 합니다. 머스크는 인공지능 기술에 반대하여 다른 기술을 연구하고 있지요. 신경 레이스라는 기술로 인간의 두뇌와 컴퓨터를 연결해서 두뇌의 정보 용량을 무한대로 증가시키고 원하는 정보를 업로드, 다운로드하는 기술입니다. 영화 매트릭스의 주인공 네오가 머리에 컴퓨터를 연결하고 무술 능력을 순식간에 배우고 매트릭스 시스템을 인지하는 것도 같은 맥락입니다. 공각기동대에서는 전뇌화 기능으로 사이보그가 탄생합니다. 또다른 기술로는 브레인 임플란트로 불리는 기술이 있습니다. 두뇌를 클라우드에 연결하여 지식, 감정, 경험도 공유하고 강화할 수 있지요. 미국 국방성의 연구 개발을 담당하는 고등방위연구계획국도 이 기술에 주목하고 있습니다. 미래학자 레이 커즈와일은 인공지능 기술이 인간 지능을 뛰어넘는 시기를 "특이점"이라고 정의하고 2045년이 되면 전뇌화와 인간의 지능을 1,000배나 넘어서는 초지능 기술도 개발된다고 예측했습니다. 이 시기가 되면 지금처럼 공부하거나 학습하는 방식도 모두 달라질 수 있겠지요. 외국어 공부도 필요 없고 수많은 지식과 경험도 순식간에 자신의 것으로 만들고 타인과 나눌 수 있게 됩니다. 인간의 두뇌에 관한 연구도 활발합니다. 뇌의 모든 것을 알고자 뇌신경 연결 구조를 분석하는 인간 커넥톰 프로젝트가 진행되고 있습니다.

빅뱅 파괴 – 우주가 폭발하나요?

4차 산업혁명 시대를 빅뱅 파괴의 시대라고 이야기 합니다. 빅뱅이론, 대폭발 이론은 우주의 탄생을 설명하는 이론입니다. 138억 년 전 모든 물질과 에너지가 모인 한 점에서 대폭발이 일어나 우주가 탄생했지요. 이때 발출된 에너지가 우주 전체에 퍼져 우주 배경 복사라고 말하고 빅뱅이론의 증거로 이용됩니다. 4차 산업혁명을 이끄는 과학 기술을 ICMB+AI, Robot 이라고 합니다. 인터넷, 클라우드 컴퓨팅, 빅데이터, 모바일, 인공지능과 로봇의 첫 글자를 딴 표현이지요. 이 기술들이 초연결, 융복합 되면서 인류의 산업, 경제, 사회, 문화 등 모든 것을 뒤흔드는 혁신을 만들기 때문에 빅뱅파괴라고 하고 이러한 기업과 조직, 개인을 빅뱅파괴자라고 합니다. 아이팟, 아이패드 스마트폰을 만든 애플, 세상의 모든 것을 판매하는 아마존, 안드로이드를 만든 구글, 윈도우를 만든 마이크로소프트, 세상의 모든 정보를 연결하는 페이스북, 공유 경제를 만든 우버 등 우리에게도 익숙한 이름의 기업들이지요. 이들은 ICBM+AI, Robot 기술로 독점하고 세상을 뒤흔들며 자신들이 만든 제품, 플랫폼, 서비스를 사용하도록 유인합니다. 구글로 검색하지 못하고 아이폰, 안드로이드 폰이 없다면, 페이스북과 유튜브가 없다면 어떤 세상이 될까요?

이뿐만이 아닙니다. 이들은 빅데이터와 인공지능 기술로 여러분이 스마트폰과 소셜 미디어에서의 활동 데이터를 모으고 분석합니다. 우리가 산 제품, 클릭한 광고나 웹 사이트, 머무른 시간과 장소도 이들에게는 소중한 데이터가 되어 분석되고 해석됩니다. 그래서 고객의 성향을 예측하고 맞춤화된 광고와 상품 추천 서비스까지 진화했지요.

유니콘, 데카콘 - 상상 속 뿔 달린 말이 나타났어요

순위	기업명	기업가치 (억 달러)	국가	분야
1	Uber	680	미국	공유 경제(차량)
2	Xiaomi	460	중국	스마트폰 / 디바이스
3	Didi Chuxing	338	중국	공유 경제(차량)
4	Airbnb	300	미국	공유 경제(부동산)
5	Palantir Technologies	200	미국	빅데이터 분석 소프트웨어 / 서비스
6	Lu.com	185	중국	핀테크(P2P)
7	China internet Plus	180	중국	전자 상거래
8	WeWork	169	미국	공유 경제(사무실)
9	FlipKart	160	인도	전자 상거래
10	SpaceX	120	미국	항공우주
11	Pinterest	110	미국	소셜(이미지 공유 및 검색)
12	Dropbox	100	미국	웹기반 파일 공유 서비스
13	Infor	100	미국	비즈니스 소프트웨어
14	DJI Innovations	100	중국	상업용 / 개인용 드론
15	Stripe	92	미국	핀테크
16	Spotify	85	미국	온라인 음악 스트리밍 서비스
17	Zhong An Insurance	80	중국	핀테크(보험)
18	Snapdeal	70	미국	전자 상거래
19	Lianjia (Homelink)	62	중국	전자 상거래
20	Global Switch	60	영국	데이터 센터

유니콘(Unicorn), 데카콘(Decacorn) CB Insights 2018

그리스 신화에는 뿔 달린 말이 병을 치유하는 능력으로 사람들에게 도움을 주었습니다. 이후 실리콘밸리의 대표적 스타트업(창업한 신생 기업)들을 유니콘으로 부르게 되었습니다. 기업의 가치가 1조원을 넘을 때 유니콘, 10조 원을 넘을 때 데카콘이라고 부르지요. 이들은 혁신과 ICBM+AI, Robot 기술을 융복합해서 새로운 기존의 질서와 규칙을 무너트리고 인류에게 새로운 가치와 경험을 선사하여 급성장하고 있습니다. 이들은 단 1%만 생존한다는 실리콘밸리의 정보통신기술(ICT) 전쟁에서 승리한 것입니다. 이들에게는 어떠한 비밀이 있을까요?

세계경제포럼(다보스포럼)을 만든 경제학자 클라우스 슈밥과 전문가들은 기술에 대한 이해와 새로운 사고가 필요하다고 말합니다. 융복합적, 통합적 관점으로 큰 그림과 작은 사항을 함께 보는 역량이 필요하다고 했습니다. 첨단 기술을 이해하고 인사이트(Insight, 통찰력)를 갖추어 다양한 변화에서 맥락을 읽고 기회를 가치로 만드는 고급 통찰력을 가져야 한다고 강조합니다. 결국 중요한 것은 전문 지식과 시대가 요구하는 역량을 갖추어야 합니다.

공부 잘하면 되는 것 아닌가요? – 미래 역량의 변화

4차 산업혁명은 고도화된 지능화 시대로 변화하고 있습니다. 그럼 누구나 공부도 잘하고 성공하는 행복한 세상, 유토피아에서 사는 것 아닐까요? 실제로는 그렇지 않습니다. 단순히 지식을 얻는 것을 넘어 변화를 감지하고 숨겨진 의미인 맥락을 이해해야 합니다. 또한 다른 사람들과 공감하고 협력하여 창조하는 사람들만이 미래를 선도할 수 있지요. 유니콘, 데카콘 처럼 일부는 신의 영역까지 도전을 하고 미래를 개척합니다. 스스로 신이 되려는 호모 데우스 같습니다. 하지만 다수의 사람들은 고유 가치를 상실할 수 있습니다. 이를 무용 계급이라고 합니다. 마치 영화 매트릭스에 사는 사람들, 조지 오웰의 소설 1984에서 묘사된 사람들처럼요.

세상을 이끄는 미래학자, 경제학자, 글로벌 리더들은 저마다 미래에 필요한 역량을 손꼽습니다. 핀란드는 소통, 창의력, 비판적 사고, 협업을 미래를 준비하는 핵심 역량으로 생각합니다. 미국의 100개 기업과 실리콘밸리는 여기에 적응력, 회복력과 기개, 지속적으로 배우려는 성장형 사고방식을 포함합니다. 다른 전문가들은 의사소통, 컨텐츠, 비판적 사고, 창의적 혁신, 자신감을 지목했지요. 세계경제포럼은 미래의 핵심 역량으로 복합적 문제해결, 비판적 사고, 창의성, 인적자원 관리 역량, 대인관계 역량, 감성 지능, 결정력, 방향설정 역량, 협상력, 융통성을 선정했습니다. 시기마다 주장하는 단체나 사람마다 조금씩 다를 수 있습니다. 틀린 것이 아니라 다양한 것이지요. 때론 공감하고 한편으로는 비판적으로 생각하기도 하면서 유연하고 창의적으로 협업하는 것을 요구합니다.

육체노동자를 블루 칼라, 사무직 근로자를 화이트칼라로 말해왔습니다. 최근 인공지능 왓슨을 만든 IBM은 전문 사무직을 뜻하는 뉴 칼라(New Collar)를 정의했지요. 뉴 칼라는 4차 산업혁명을 이해하고 인공지능, 빅데이터, 로봇을 적극적으로 활용하며 과학, 기술, 인문과 같이 다양한 영역을 넘나드는 고급 지식 노동자입니다. IBM은 이들이 혁신을 주도하고 기존의 관습과 경험을 무너트리며 인류에게 새로운 변화를 주는 파괴적 혁신가가 된다고 예상합니다.

스펙이라는 말을 들어 보았죠? 전공, 대학, 자격증, 전문 지식이나 직업에 관련된 특별한 역량을 하드 스킬이라고 합니다. 이제까지 이런 역량이 중요하게 인식되어 왔습니다. 미래에도 중요하게 작용할 수 있습니다. 하지만 변화하는 세상은 또 다른 것을 요구하고 있지요. 높은 사고력, 커뮤니케이션 능력, 대인관계, 사회성, 긍정적 자아관념과 회복력, 성장형 마인드셋 등을 요구합니다. 이러한 역량을 소프트 스킬이라고 합니다. 결국 전문지식뿐만 아니라 공감, 소통과 협업, 복합적인 문제 해결 능력, 실패를 딛고 일어서는 회복력, 꾸준한 학습 능력 등 모든 것을 통합적으로 연결하는 융복합적 역량을 요구하게 된 것입니다.

예전에는 지능지수(IQ)가 중요하게 인식되었지만 미래는 자신을 인식하고 조절하고 공감하며 동기를 불어넣고 상처를 치유하는 감성지능이 소프트 스킬의 핵심이 될 것입니다. 우리 나라는 한글이 있어 문맹률이 0에 가깝지요. 거의 모든 국민들이 글을 읽고 쓰며 정보와 생각, 감정을 나눕니다. 이러한 역량을 '리터러시'라고 정의합니다. 그래서 4차 산업혁명의 다양한 디지털 과학기술에 대한 혜택을 누리면서 반면 위협과 위기를 적극적으로 탐색하고 분석하여 새로운 경험과 가치를 찾는 역량인 디지털 리터러시 역량이 주목받습니다.

하지만 어려움이 있습니다. 초등학교에서 대학교까지 이러한 변화의 흐름에 신속하게 보조를 맞추지 못하고 있습니다. 세계적 석학 앨빈 토플러, 유발 하라리 교수는 학교에서 배우는 교육의 80%

이상이 청소년들이 성인이 되었을 때 전혀 도움이 되지 않을 것이라고 지적 했습니다. 모든 것이 변화하는 불확실성의 시대에 과거의 지식만 가르치는 것은 한계라는 것입니다. 이처럼 4차 산업혁명의 혜택과 위기, 미래 역량을 파악하더라도 현대인들은 무엇을 어떻게 해야 할지 모르는 시대를 살고 있습니다. 이러한 시대를 회색 백조, 그레이 스완의 시대라고 하지요. 불확실성이 새로운 표준이 되는 뉴 노멀(New Normal)의 시대입니다. 이제는 단순 지식을 넘어 변화를 이해하고 유연하게 대응하는 역량을 갖추는 사람과 조직, 기업과 국가만이 생존하고 번영할 수 있는 것입니다.

평생 학습 – 미래 역량을 준비하는 도구

로봇, 인공지능, 빅데이터와 함께 살아가는 우리는 어떻게 준비하고 대응해야 할까요? 이러한 질문에 유엔은 '유엔미래보고서 2050'에서 방향을 제시했습니다. 교육과 학습은 평생 지속되어야 하며 소통, 창의력, 분석력과 협업을 배워야 한다고 말하고 있습니다. 또한 평생 다양한 직업을 갖게 될 세대들은 지속적으로 학습하고 배우는 사고방식이 필요하다고 강조했지요. 시대가 변화하고 불확실하기에 그에 맞추어 부단히 준비하고 부합되는 역량을 갖추어야 한다는 것입니다. 세계은행도 평생학습과 전문 지식과 디지털 리터러시를 갖춘 인력이 미래를 선도한다고 강조하고 있습니다. 평생학습과 지속적으로 배우려는 사고방식만이 변화의 시대에서 불확실성에 대응하는 방법이라는 것입니다.

평생학습에 관해서 세계경제포럼은 청소년들에게 세 가지 방법으로 읽고 이해하는 능력인 기초 문제, 복잡한 문제에 대처하는 역량, 변화하는 환경에 능동적으로 대응하는 인성 자질을 선정했습니다. 또한 자신이 알고 있는 것과 모르는 것을 정확하게 인지하고 구분하는 메타인지 역량을 확보하여 평생 학습과 인성 등의 정서적 역량을 강화하기 위하여 계획하기, 실행하기, 점검하기, 피드백 하고 보완하기를 지속적으로 수행해야 한다고 이야기합니다. 또한 자기를 조절하는 역량을 갖추어 평생의 학습 과정을 만들어가야 한다고 말합니다.

21세기 기술		주요 개념
평생학습	기초 문해	학생들이 어떻게 일상 생활에서 핵심 기술을 적용시킬 수 있는가 01 문해 02 수해 03 과학문해 04 ICT 문해 05 재정문해 06 문화 및 시민문해
	역량	어떻게 복잡한 도전 사항들에 대해서 대처할 수 있는가 07 비판적 사고/문제해결 08 차의성 09 의사소통 10 협력
	인성 자질	변화하는 환경에서 어떻게 대처해야 하는가 11 창의성 12 주도성 13 일관성/도전정신 14 적용력 15 리더십 16 과학 및 문화

평생학습을 위한 21세기 기술 세계경제포럼

미래창조과학부에서도 미래 인재들에게 필요한 핵심 역량을 선정했습니다. 인간 고유의 문제 인식 역량, 대안 도출 능력, 기계와의 협력적 소통 역량입니다. 인간 고유의 문제 인식 역량은 기계와 차별화된 감성적, 비판적으로 상황을 해석하는 역량입니다. 대안 도출 능력은 여러 사람의 다양성을 연결하고 조합하여 기계와는 다른 대안을 만들어 가는 역량입니다. 인공지능과 빅데이터는 극복하는 대상이 아니라 활용하는 수단이 되어야 하기에 마지막으로 제시한 역량은 기계와 협력하는 소통 역량입니다.

호모 컨버전스 – 초연결, 융복합하는 미래 인재

인간 고유의 문제 인식 역량	인간 고유의 인문학적이고 감성적이며 비판적인 상황해석을 더해 기계와 차별화된 관점으로 문제를 인식할 수 있는 능력	
	유연하고 감성적인 인지력	문학적 이해와 감성적 해석을 더함으로써 복합적인 문제를 보다 유연하게 해석할 수 있는 능력
	능동적 자료탐색 및 학습능력	상황 인식에 관련성이 있는 다양한 자료를 탐색할 수 있고 학습을 통해 문제와 관련성을 찾을 수 있는 역량
	비판적 상황 해석력	일반적인 틀에서 벗어나 문제의 핵심을 해석해 보는 역량
인간 고유의 대안 도출 능력	인간개개인 갖는 다양성을 조합하여 기계와 차별된 대안을 탐색하고 도출하는데 필요하거나 도움이 되는 역량	
	구조화, 설계화된 휴먼 모니터링 능력	필요로 하는 경험 관점에서 자신 및 타인을 계획적으로 모니터링하는 역량
	유연한 협력 능력	다양한 사람들에게 창의적 의견과 지식을 추출, 유인해낼 수 있는 역량
	휴먼 클라우드 활용 능력	다양한 휴먼 네트워크의 인적 자원을 활용하여 대안을 수행할 수 있는 능력
	시스템적 사고	다양한 유형과 소스의 정보를 체계적으로 조합하여 지식화 할 수 있는 능력
	협력적 의사결정 능력	다양한 사람들의 의견을 종합하여 결론을 도출하는 기준과 과정을 설계할 수 있는 능력
기계와의 협력적 소통 역량	인간 고유의 다양성을 활용하면서도 기계를 이해하고 협력하는 방안을 찾아냄으로써 기계를 이용하는 인간이 되는 역량	
	디지털 문해력	ICT 기기의 특성과 그로부터 발생하는 디지털 정보를 이해하고 활용할 수 있는 능력
	정교한 첨단기술 조작 역량	첨단 기술, 기기를 정교하게 조작하거나 감수, 보정할 수 있는 능력
	휴먼 · 컴퓨터 조합력	기계로부터 얻을 수 있는 정보와 사람의 의견을 체계적으로 연결하고 종합하는 능력

미래 인재에게 필요한 3대 미래 역량과 11대 세부 역량 미래창조과학부

4차 산업혁명의 시대는 모든 것이 연결되는 초연결의 시대로 초지능화 된다고 했지요. 이러한 흐름은 향후에도 지속될 것으로 예상됩니다. 초연결은 과학과 기술, 기술과 예술, 서로 다른 산업이 연결되고 융합하며 복합적인 새로운 가치와 경험을 만들지요. 모든 것의 경계가 없어지는 융합, 복합의 시대입니다. 수 많은 미래 역량을 갖춘 인재를 한마디로 표현한다면 융복합 인재, 호모 컨버전스라고 할 수 있습니다. 오늘날 창조의 의미는 완전히 없는 것에서 새로움을 만드는 것이 아니라 세상에 존재하는 수 많은 지식과 정보에서 의미와 가치를 찾아 새롭게 융복합하는 것으로 변화하고 있습니다. 이 많은 것들을 어떻게 할 수 있을까요? 혼자 하다가 결국 시간과 노력만 허비하는 것은 아닐까요?

초연결과 융복합을 자기 자신에게도 적용해야 합니다. 구글, 아마존, 애플, 페이스북이 최고로 손꼽는 인재의 조건은 협업 능력입니다. 아무리 똑똑하고 우수한 전문 지식과 역량을 갖추었더라도 협업, 공감, 소통 능력이 없다면 함께 일할 수 없지요. 협업은 함께 일하고 일을 나누고 아이디어를 모아 새로움을 창조합니다. 이를 집단 지성이라고 합니다. 인공지능, 빅데이터, 로봇, 사물 인터넷 기술들은 모두 집단 지성의 힘을 이용하여 발전합니다. 이제 자신과 타인, 다른 집단의 지식과 지혜를 융복합하는 유연성과 신속하고 재빠르게 움직이는 민첩성, 협업과 소통 역량을 갖추어야 합니다.

세상이 점점 빠르게 변화하고 융복합 되면서 우리가 마주하게 될 문제들도 예상하지 못한 복잡한 복합 문제들로 구성됩니다. 이런 경우 어떻게 해야 할까요? 높은 전망대에 오르면 전체를 한 번에 볼수 있지만 아주 작은 세밀한 부분들은 실제로 가까이 다가서야 볼수 있습니다. 그래서 큰 그림(Big Picture, 빅 픽처)을 보면서 작고 세세한 작은 사항(Detail, 디테일)을 함께 살펴보는 관찰의 힘과 생각을 꼬리에 꼬리를 물 듯 연결해 나가는 생각의 힘을 길러야 합니다. 그래서 평생 학습이 필요하고 집단 지성을 이용하며 자신과 다른 다양성을 생각해 보는 것입니다. 세상을 등지고 혼자 동굴에 비친 그림자만 볼 수도 있지만 동굴 밖을 벗어나 새로운 세상에 연결한다면더 많은 경험과 가치, 기회가 우리를 기다리고 있습니다. 우리 자신도 연결하고 연결을 다양하게 확대하여 초연결 하는 것입니다. 역사학자 토인비는 인류의 역사는 도전과 응전이라고 했습니다. 도전과응전이 없었더라면 인류는 생존하지 못하고 도태되었을 것입니다.

Secret 2

현재를 점검하고 미래를 만든다

현재를 점검하고 미래를 만든다

세상에 외쳐라, 인생의 주인은 바로 나!!

소설 '모모'에서 회색 옷의 신사들이 시간을 빼앗아 마을 주민들이 시간 강박증에 걸렸을 때 호라 박사는 가슴으로 느끼지 못하는 시간은 소멸한다고 말했지요. 시간 강박증은 한정된 시간에 많은 일을 더욱 효율적으로 처리하려 정신적, 육체적으로 압박을 받는 현상입니다. 그리스 신화에서 크로노스는 영원히 신들의 왕을 지속하고자 모든 자식들을 잡아먹지만 제우스를 이길 수 없었습니다. 크로노스의 시간은 눈에 보이지 않고 영원하지 않으며 연속적인 흐름을 의미합니다. 또다른 시간도 존재합니다. 제우스의 아들 카이로스는 손으로 움켜잡을 정도의 긴 앞머리와 커다란 날개를 가지고 있지요. 그래서 카이로스는 순간적인 시간, 뜻밖의 기회, 행운을 의미합니다. 큰 날개로 재빠르게 다가오고 긴 앞머리로 잡아채도록 하지만 시간 강박증에 걸렸다면 순식간에 사라지는 카이로스를 결코 잡을 수 없습니다.

크로노스(Kronos)와 카이로스(Kairos) Wikipedia

  인생의 목표 없이 눈앞의 문제만 해결하려 한다면 세상의 변화에 등 돌리고 기회를 놓치게 됩니다. 자신의 에너지와 시간을 소멸시켜 무기력해지고 부정적인 시각을 가져 시간과 삶, 인생의 주인공 역할을 상실하는 것입니다. 인형 뽑기의 무민 인형도 삶의 의미가 없다는 무민(No mean)으로 치부하죠. 인싸(인사이더)와 아싸(아웃사이더)를 구분하여 자신을 아싸로 정의해버립니다. 심하면 연애, 출산, 결혼, 사회 진출, 가족 관계를 단절하는 5포세대로 추락할 수 있습니다. 하지만 우리 주변에는 자신에게 주어진 환경, 조건, 위기 상황을 당연하게 받아들이지 않고 자신의 삶을 당당히 개척해온 사람들이 있습니다.

  천체물리학자 스티븐 호킹 교수는 루게릭병으로 근육이 마비되는 고통을 이겨내고 블랙홀 연구, 호킹 복사 이론 등 현대 우주론을 정립했고 타계 직전까지 마크 저커버그와 우주 생명체를 탐색하는 나노 우주선 프로젝트를 진행하여 인류에게 큰 영향을 선사했습니다. 영화 [브리드]의 실제 주인공 로번 캐번디시는 전신이 마비된 신체조건에도 장애인 인권에 앞장서 소아마비의 완전한 퇴치를 이끌었습니다. 영화 [늑대와 함께 춤을] 주인공 던바는 전쟁 중 부상으로 다리를 절단하게 되자 죽으려 말을 타고 달린 행동이 병사들의 사기를 높여 전쟁을 승리로 이끌었고 인디언 부족을 만나 그들에게 동화되어 자신의 정체성과 참다운 인간으로 산다는 것을 다시 생각하게 됩니다.

권투나 다양한 스포츠에서 이상한 모순을 경험해 보았나요? 왼쪽으로 움직이려면 오른 발이 먼저 움직이고 오른쪽으로 가려 하면 몸의 왼편이 먼저 움직여야 하죠. 고통이 다가와도 오히려 그 안으로 파고듭니다. 스포츠처럼 우리의 인생도 모순 덩어리일 수 있습니다. 그래서 정답이 없고 다양한 과정과 시도가 있는 것이지요. 반대로 하거나 거꾸로 하는 용기도 필요합니다. 남들처럼, 하던 대로, 해왔던 방식 그대로 한다면 카이로스의 시간, 기회를 잡을 수 없게 됩니다. 때론 삶이 자신을 등지고 고독한 싸움에서 큰 상처를 입을 수 있습니다. 이런 생각은 과거에서도 있었지요. 고대 그리스 작가 헤시오도스는 [신통기(신들의 계보)]에서 인류는 황금시대, 은의 시대, 청동의 시대를 거쳐 철의 시대를 살고 있다고 했습니다. 지상 낙원, 유토피아인 황금의 시기를 거쳐 혼돈, 파멸과 고통을 상징하는 철의 시대에서 살고 있다는 것이지요.

　정신적, 육체적, 환경적 절망조차 뛰어넘은 사람들의 힘은 무엇일까요? 그들은 네잎 클로버를 찾으려 삶의 행복을 버리지 않습니다. 기대하지 않은 행운을 뜻하는 밀리언 달러 베이비가 선뜻 다가와줄 것을 희망하지 않지요. 그들은 모쿠슈라(Mo Cuishle)를 가지고 있습니다. 모쿠슈라는 내 심장이 뛰는 소리라는 뜻으로 나의 소중한 사람, 나의 가족과 핏줄 등을 의미합니다. 살아있다는 심장 박동 소리를 들으며 고난과 역경을 헤쳐나가며 인생의 모쿠슈라를 찾았던 것입니다. 알리바바의 마윈 회장은 중국을 대표하는 ICT 기업의 수장이지만 은퇴를 선언하고 그의 첫 직업이었던 교사로 돌아가려 합니다. 모쿠슈라의 외침을 외면할 수 없었지요. 나치 강제수용소에서 가족을 잃고 자신의 연구 결과를 송두리째 빼앗긴 빅터 프랭클은 더 이상의 희망은 없다는 집단 무기력증을 거부했습니다. 모쿠슈라의 외침을 들을 수 있는 영혼의 자유가 아직 남아있었기 때문입니다.

　스티브 잡스는 스탠퍼드 대학 졸업식에서 남의 인생을 사느라 시간을 허비하지 말라고 했습니다. 남들이 말하는 소리에 자신의 내면의 소리가 휩쓸려 가도록 내버려두지 않아야 한다고 강조한 것이지요. 인생이라는 무대의 주인공, 삶의 주체는 자기 자신입니다. 그 삶의 가치를 판단하고 평가하는 것도 자신입니다. 1981년~2000년 초반에 출생한 세대를 밀레니얼 세대라고 합니다. 여러분들의 형,

누나, 언니, 오빠입니다. 그런데 다르게 표현을 하기도 합니다. 타인의 시선과 기준보다 자기 자신, 즉 나에게 초점을 맞추는 트렌드 [나나랜드]를 만들고 있습니다. 이런 세대를 [나나랜더]라고 합니다. 자신을 사랑하고 판단의 기준을 자기 자신에게로 옮긴 사람들이죠. 자신의 당당함으로 자존감을 키워왔습니다. 세상에 등 돌리지 않고 자신만의 인싸를 만들어 당당함으로 자신을 보여줍니다. 뚱뚱하면 안 되나요? 기준은 바로 나인데요? 모델은 예뻐야 한다는 것은 편견 아닌가요? 개성 있는 옷, 어글리 패션도 기준은 '나' 입니다. 자신을 소중한 존재로 여기는 당당한 자존감의 표현입니다.

4차 산업혁명이 이끄는 현재를 대표하는 키워드는 초연결과 불확실성입니다. 모든 것이 연결되고 진화하며 지속적으로 변화하며 새로운 경험과 가치를 제공합니다. 이러한 충격과 불확실성에서 건강한 삶을 이끄는 원동력은 자기 자신이 가장 소중한 존재이고 충분히 사랑받을 가치를 갖고 있음을 아는 것입니다. 그 다음은 자신만의 삶의 목표를 찾는 것입니다. 처음부터 클 필요도 없습니다. 세상을 뒤흔든 유명 인물들의 목표와 가치를 추구할 필요도 없습니다. 하지만 생생하게 꿈만 꾼다고 이루어지지 않습니다. 흔들리지 않는 굳건한 믿음은 도움이 되지만 부러지지 않는 갈대처럼 유연함을 갖추어야 합니다. 세상에 정답은 존재하는 것이 아니라 만들어 가는 것이기 때문입니다. 4차 산업혁명의 변화를 읽으며 자신이 만든 가치와 목표에 따라 조금씩 개선하고 실패하며 학습하여 성장하는 것입니다.

"녹록치 않은 세상에 이건 시간 낭비야, 인생에 도움이 안 돼, 안 되는 건 안 되는 거야. 세상이 그렇게 쉽게 바뀌지 않아. 요즘이 어떤 세상인데? 그냥 남들처럼 하면 안돼? 그런데도 끝까지 하겠다는 거야?" 이런 말을 들어보았을 겁니다. 세상에 존재하는 편견과 잣대에 저항하여 내면의 목소리, 모쿠슈라를 찾아 나를 외쳐보면 어떨까요? 인생이라는 무대의 주인공은 바로 당신이기 때문입니다.

현대그룹을 만든 정주영 회장은 목표에 대한 투철한 신념과 노력이 있다면 어떤 일도 가능하다고 말하며 고정 관념이 인간을 우둔하고 나약하게 만드는 치명적 원인이라고 지적했습니다. 1960년 후반 조선업에 진출 하려 할 때 모두가 불가능하다며 비난했습니다.

500원 지폐 한국은행 화폐박물관

기술도 없는 작은 나라에 천문학적 금액을 투자하지 않을 것이라는 고정 관념과 편견에 맞서 정주영 회장은 투자자인 롱바텀

회장을 찾아갔습니다. 주머니 속에 있던 500원 지폐를 보여주며 "한국은 영국보다 300년 앞서 거북선을 만들었지만 산업화가 늦어 그 아이디어를 구현하지 못했다. 일단 시작하면 잠재력은 충분하다."고 자신감을 보인 것입니다. 결국 투자에 성공하고 울산 조선소를 착공하여 한국의 조선업 역사를 시작했습니다.

1947년 윌리암 쇼클리에 의해 트랜지스터가 개발되고 1959년 페어차일드사가 직접회로로 불리는 IC를 개발하여 반도체의 역사가 시작됐습니다. 우리나라는 1974년 한국반도체가 설립되어 웨이퍼 가공생산을 추진했지만 오일 쇼크와 불황으로 1년만에 삼성이 인수했습니다. 1983년 삼성의 창업주 이병철 회장이 부품 조립가공에서 벗어나 반도체를 연구, 개발하고 생산하겠다고 선언하자 모두들 무모한 도박이라는 편견과 무시를 보였습니다. 언론과 재계 등에서도 냉소가 이어졌습니다. 1983년 12월, 삼성은 64K DRAM 개발에 성공하여 미국, 일본과의 기술격차를 4년으로 좁히고 세계무대에 진출했습니다. 이후 256M DRAM, 1Gb DRAM을 세계 최초로 선보여 반도체 시장을 선도하게 되었습니다. 스마트폰의 두뇌인 모바일 AP(애플리케이션 프로세서) 엑시노스(Exynos)를 개발하여 삼성 갤럭시 스마트폰을 세계 최고의 제품으로 이끌고 있습니다.

편견과 무시를 이겨내지 못하고 과거의 노예처럼 기존 방식만 고수했다면 지금의 현대차, 삼성전자는 존재하지 못했을 것입니다.

인생의 주인이 되어 능동적으로 삶을 개척하는 방법은 무엇일까요? 피터 드러커는 7가지 지적 경험을 소개했습니다. 팔순이 넘은 작곡가 베르디의 "한 번 더 도전할 의무가 있다."는 말에 인생의 목표를 수립하고 목적 있는 삶을 살기로 다짐했습니다. 파르테논 신전의 지붕을 건축한 조각가 페이디아스의 "신들이 보고 있다."는 말에 완벽하지 못하더라도 최선을 다하는 삶을 추구하겠다고 다짐 했습니다. 평생 학습으로 끊임없이 새로운 주제를 공부하고 자신과 일, 학습을 점검하여 개선점을 찾아 피드백을 할 것을 강조하며 새로운 시대와 변화가 요구하는 것을 배우라고 말했습니다. 일과 직업의 의미가 바뀌고 새로운 미래 역량이 지속적으로 요구되는 현 시점에서 다시 한 번 그 의미를 생각해 보아야 할 것입니다. 마지막은 "어떤 사람으로 기억되기를 바라는가?" 입니다. 인생의 주인이 되어 세상이라는 무대에 당당히 올라서는 역량을 갖추어 나간다면 여러분의 인생은 다른 사람들에게 좋은 의미, 선한 영향을 미칠 것입니다.

이스라엘과 유대인들은 종종 한국, 한국인과 비교됩니다. 높은 교육열, 우수한 두뇌, 근면, 성실, 경제 성장 등을 공통점으로 손꼽을 수 있지만 그들은 체다카(Tzedakah), 탈무드, 티쿤 올람(Tikkun Olam), 후츠파(chutzpah) 정신이라는 근본적 차이점을 갖고 있습니다. 체다카는 당연한 일을 당연하게 한다는 가치관으로 나눔, 배려, 협업과 소통을 위한 유대인의 저금통이며 자신과 집단, 공동체를 지켜온 신념입니다. 유대인들의 경전인 탈무드의 원래 의미는 연구와 배움입니다. 질문하지 않고 그대로 받아들이는 사람을 가장 어리석은 사람으로 규정하고 질문을 통한 배움, 소통과 협업의 중요성을 이야기 합니다. 우리는 널리 세상을 이롭게 한다는 단군 조선의 건국 이념인 홍익인간, 하늘의 뜻에 따라 세상을 교화한다는 재세이화의 정신이 있지만 지금 그 정신을 찾아보기 어렵습니다. 하지만 유대인들에게 삶의 목적과 이유를 물으면 티쿤 올람으로 답합니다. 신이 창조한 불안정한 세상을 신과 인간들이 협력하여 끊임없이 개선하고 발전시킨다는 개선과 혁신, 공동체의 협업과 소통 정신입니다. 이를 위해 유대인들은 당돌함과 뻔뻔함, 대담한 용기와 도전을 의미하는 후츠파 정신을 이어오며 집단 지성과 창의력을 만들어왔습니다. 후츠파 정신은 형식 파괴, 질문할 수 있는 권리, 융합, 위험 감수, 목표 지향, 끈질김, 실패로부터의 교훈으로 구성되어 있습니다. 유대인들은 고난과 변화의 역사 속에서도 관성과 관습, 이기주의를 깨트리는 협력 도구로 후츠파 정신을 유지해온 것입니다.

미래를 만드는 일은 과거와 현재를 점검하는 것에서 시작합니다. 인생이라는 무대를 만들기 위해서, 세상에 당당히 자신을 외치려 해도 수 많은 좌절과 고난, 불확실한 상황과 문제에 직면하게 됩니다. 아무리 우수한 이론도 시대가 변하면 새로운 개념으로 보완됩니다. 최첨단의 기계도 점검하지 않으면 녹이 슬고 소리가 납니다. 아인슈타인도 자신이 주장했던 정적 우주론이 잘못되었음을 인정하고 보완했기에 인류에 더욱 큰 영향을 미쳤습니다. 인생의 주인인 당신을 위해서 자기 자신을 점검해야 합니다. 강점과 약점은 무엇인지? 어떻게 배우고 실패하는지, 나의 가치와 목표는 무엇인지? 나는 세상에 나아가는지 동굴 속으로 들어가는지를 자기 자신에게 피드백 하는 것입니다. 현재를 점검함으로써 현재를 바꾸고 습관이 되어 미래가 만들어집니다.

생각을 만드는 인피니트 스톤 - 가치, 관점, 신념

애플의 1984년 슈퍼볼 매킨토시 광고 wired.com

부자가 된다면 재산을 선뜻 기부할 수 있을까? 영화배우 주윤발은 자신의 전 재산인 8천억 원을 기부해 화제가 되었습니다. 그에게 가장 큰 가치는 보통 사람과 같은 평범하고 평온한 삶을 사는 것입니다. 지하철이나 도보로 홍콩 시내를 돌아다니고 단골 식당에서 아침 식사를 하며 마주하는 사람들과 편하게 사진을 찍는 일이 그의 일상입니다. 그는 전 재산을 기부함으로써 평범한 홍콩 시민 한 사람으로 돌아가려는 자신의 오랜 신념을 실천했습니다. 조지 오웰의 소설 [1984]에서 빅 브라더가 텔레스크린을 이용해 모든 사람의 가치와 관점을 통제하고 조정합니다. 페이스북, 아마존, 구글이 빅데이터와 인공지능으로 세상을 장악하는 것을 예상한 것 같습니다. 미국인들이 가장 좋아하는 광고는 1984년 슈퍼볼 결승전에서 선보인 애플 매킨토시 광고입니다. IBM 컴퓨터를 빅브라더로 묘사하여 "컴퓨터는 IBM"이라는 가치와 고정 관념을 여성이 해머를 던져 깨트려 버립니다. 매킨토시의 등장으로 소설 1984에서 제시된 빅 브라더의 시대처럼 되지 않을 것이라는 강한 신념을 선보인 것입니다.

소설 [양철북]은 어른이 되고 싶지 않은 오스카의 이야기입니다. 그의 눈에 비친 어른의 세상은 더럽고 추악했습니다. 자신이 성장하여 그런 어른이 된다는 사실을 결코 받아들일 수 없었습니다. 일부러 난간에서 추락하여 신체적 성장을 멈추었지만 그의 가치와 관점, 신념은 성장을 멈추지 않았습니다. 세상의 모순과 부조리에 저항하여 양철북을 두드리는 것으로 자신을 표현한 것입니다. 시간이 흘러 오스카는 양철북을 벗어 던지며 성장해야 한다고 외칩니다. 양철북으로 대표되었던 자신의 가치와 관점, 신념도 새로운 변화에 과감히 개선시켜야 함을 깨달은 것입니다.

4차 산업혁명의 초연결 시대에 "어떻게 살 것인가?"라는 질문에 답하는 기준은 자신이 가지고 있는 가치와 관점, 신념에 따라 달라집니다. 틀린 것이 아니라 정답이 없는 다양성을 나타냅니다. 가치와 관점, 신념은 자신의 생각을 만들고 "자기 다움"을 만드는 인피니티 스톤입니다. 어벤저스의 타노스가 인피니티 스톤을 모으듯이 자신의 가치, 관점, 신념이 서로 연결되고 융합하여 자기다움을 만들고 자신의 현재와 미래를 만들게 됩니다.

가치(Value)는 좋다고 생각하는 기준, 이익이 되는 것, 혜택을 주는 것, 소중하고 귀한 것, 의미가 있는 것 등을 구분하는 기준이 됩니다. 좋고 나쁨, 옳고 그름, 이익과 손해를 판단하는 출발점입니다. 때론 도덕적으로 종교적으로 정치, 사회적으로 경제적으로 가치를 구분할 수 있습니다. 가치는 개인마다 다르기도 하지만 자신의 속한 사회나 문화, 환경에 따라 같을 수도 다를 수도 있습니다. 다양성이 발생합니다. 획일화된 가치가 존재하지 않게 된 것입니다. 친구들과 이야기를 하며 "그게 중요해? 중요한 것 맞아?" 라며 가치를 확인하고 부여할 수 있습니다. "나는 그게 중요한지 미처 몰랐어." 라며 자신의 가치를 점검할 수 있습니다. 시대와 환경, 사람에 따라 가치의 기준과 무게가 다르게 나타납니다. 유학에서 인간의 본성을 말하는 측은지심, 수오지심, 사양지심, 시비지심은 각각 어려움에 처한 사람을 불쌍히 여기는 마음, 의롭지 못함을 부끄럽게 생각하는 마음, 겸손하게 사양하는 마음, 옳고 그름을 판단하는 마음으로 유학의 인, 의, 예, 지로 발전했지만 그 기준과 가치가 모든 사람과 환경에 동일하다고 생각할 수 없는 것입니다.

뉴욕의 한 아파트에서 살인사건이 발생하고 38명의 목격자가 있었지만 누구도 경찰에 신고하지 않았습니다. 서로 다른 사람이 신고하겠지라고 생각하며 책임감이 분산된 것입니다. 이 사건은 [방관자 효과], [구경꾼 효과]로 불리우며 큰 반향을 일으켰고 미국 911 긴급 전화가 만들어지는 계기가 되었습니다. 이 사건은 이후 조사에서 뉴욕타임즈의 왜곡 보도로 밝혀졌고 영화 [목격자]로 만들어지기도 했습니다. 실제로 이웃은 경찰에 신고를 했고 한 목격자는 직접 피해자를 도우러 나오기도 했습니다. 사건을 왜곡한 담당자는 오히려 자신으로 인해 전 세계 사람들이 영향을 받았다는 것이 기뻤다는 자신의 가치를 표현하여 지탄을 받기도 했습니다.

이제 가치는 타인에게 평가를 받는 대상이 아니라 자신이 만들어가고 평가하는 대상이 되어갑니다. 가치의 기준이 자기 자신이 되어 자기 주체성과 자존감, 자긍심을 갖고자 하는 것입니다.

때로는 보이는 그대로 믿지 못하는 상황이 발생합니다. 하나의 그림에서 젊은 여인이 모자를 쓴 모습이 보일 수 있고 또 다르게 본다면 고개를 숙인 늙은 여인을 찾을 수 있습니다. 자크 니니오의 소멸 착시 현상도 유사합니다. 사각형에는 모두 12개의 점이 있지만 하나의 점에 집중을 하면 다른 점들이 이내 사라져 버립니다. 사람마다 1개씩 보이기도 하고 3~4개씩 볼 수도 있습니다. 무엇을 보았는가? 어떻게 보았는가? 에 따라서 완전히 다른 결과를 얻는 것입니다.

이를 관점이라고 합니다. 무의식적으로 항상 보던 방식대로 본다면 변화할 수 없지만 세상과 사물, 현상을 어떻게 달리 보는가에 따라 현재와 미래가 변할 수 있습니다. 단순히 보이는 것을 보는 것에서 의식적으로 의도적으로 보려는 노력을 더하는 것이 관점의 전환입니다.

착시 효과, 자크 니니오의 소멸 착시 현상 BBC, LiveScience

벨기에 안트베르펜 동물원은 고객 감소로 운영 자금이 부족해지고 급기야 동물원을 폐쇄해야하는 고민에 빠졌습니다. 이때 코끼리의 임신 소식을 접하게 되자 사람들은 동물원의 운영이 어려우니 코끼리를 다른 곳에 팔겠다는 생각을 했습니다. 동물원 운영자들은 다른 관점을 시도했습니다. 코끼리의 임신에서 출산까지 전 과정을 생중계하고 초음파 사진을 소셜 미디어에 올리고 다양한 이벤트를 진행했습니다. 고객들은 마치 자신들이 출산하는 것처럼 이벤트에 참여하고 주변에 소식을 전달하고 동물원을 방문하여 인증샷을 올렸습니다. 동물원의 관점의 변화가 고객들에게 새로운 가치와 경험을 선사한 것입니다.

맹인이 구걸을 하고 있었습니다. 말할 힘도 없어 팻말에 "나는 장님입니다. 도와주세요."라고 적었습니다. 하지만 광장을 지나가는 사람들은 그에게 관심을 주지 않았습니다. 이때 한 여인이 다가와 팻말의 문장을 고쳐주었습니다. 그러자 많은 사람들이 맹인에게 적선을 하기 시작했고 그의 깡통은 이내 가득 차게 되었습니다. 맹인은 그녀에게 어떠한 마법을 부렸냐고 물었습니다. "정말 아름다운 날입니다. 저는 그걸 볼 수가 없어요." 관점을 달리한 표현이 지나가는 사람들의 마음을 움직였던 것입니다. 생각이 바뀌면 행동이 바뀌고 습관이 바뀌며 인격이 바뀌어 운명도 바꿀 수 있는 것입니다.

생각을 만드는 또 다른 인피니티 스톤은 신념입니다. 신념은 가치와 관점으로 만들어지며 자신과 타인, 사물과 현상을 보는 확고한 믿음입니다. 2002년 월드컵은 "꿈은 이루어진다."는 신념을 현실로 만들었습니다. 월드컵 16강에 올라서는 것이 첫 목표였지만 할 수 있다는 신념으로 이를 넘어 세계 4강의 쾌거를 이룩했습니다. 2019년 U-20 월드컵은 또 한 번의 신념이 이루어낸 성과입니다. 성인 축구도 달성하지 못한 월드컵 결승전 무대를 경험한 것입니다. 픽사의 애니메이션 토이 스토리가 9년 만에 네 번째 이야기를 선보였습니다. 혁신과 기술, 창의력과 예술을 결합한 픽사의 컴퓨터 3D 애니메이션에는 존 래스터의 신념이 자리 잡고 있습니다. 컴퓨터 애니메이션을 만들겠다는 그의 신념은 디즈니에서 인정받지 못하고 해고에 이르렀습니다. 루카스 필름에 합류해서도 비주류로 낙인 찍히고 쓸모 없는 연구라는 비아냥거림을 받았지만 그는 신념을 굽히지 않았습니다. 결국 10년의 준비 끝에 1995년 최초의 3D 컴퓨터 애니메이션 토이 스토리가 탄생하게 된 것입니다.

가치와 관점, 신념은 생각을 만들고 행동하게 하여 현재와 미래를 바꿀 수 있습니다. 영화 어벤저스의 타노스는 우주의 균형을 맞춘다는 자신의 가치와 신념으로 우주 생명체의 절반을 소멸시켰습니다. 아돌프 히틀러의 가치와 관점은 제 2차 세계 대전과 아우슈비츠 수용소 등의 비극을 초래했습니다. 아직도 신나치주의를 표방하는 사람들이 존재합니다. 종교나 학문, 사상 등에서 확고한 가치와 관점, 신념이 전 인류에 위협을 가할 수 있습니다. 의사의 윤리를 지키고자 히포크라테스 선서를 하고 과학자들의 윤리 의식이 강조되는 것도 같은 맥락입니다. 빅데이터는 항상 옳다고 말할 수 있을까요? 원하는 데이터만 모아 빅데이터를 만든다면 어떻게 될까요? 스스로 학습하는 인공지능도 학습 데이터가 모두 잘못된 데이터로 구성된다면 옳은 판단을 할 수 있을까요? 다수결의 원칙도 가치, 관점, 신념에 따라 그 결과와 영향이 완전히 다를 수 있습니다.

생각을 만드는 인피니티 스톤인 가치, 관점, 신념은 자기 자신,

자신을 둘러싼 공동체와 사회, 역사와 문화, 세상의 흐름과 변화에 연결하여 소통하지 않는다면 잘못된 성장을 하게 됩니다. 비교 대상이 없다면 옳고 그름도 판단할 수가 없습니다. 세상과 연결한다 해도 보고 싶은 것만 보며 믿고 싶은 것만 믿고 다름을 인정하지 않는 "확증 편향"을 강화시킵니다. 자기 자신에게 유리한 방식대로 해석하는 아전인수 사고방식이며 대화가 안 되는 꽉 막힌 사람, 자신만의 세계에 빠진 사람으로 인식될 수 있습니다. 과도한 몰입은 잘못된 생각과 행동을 개선하지 않고 집착하는 "몰입상승효과"를 만들어 냅니다. "하던 대로 한다."는 생각도 그릇된 신념이 될 수 있습니다. 4차 산업혁명의 시대는 불확실성의 시대입니다. 이제껏 경험하지 못한 복합적인 문제 해결을 위한 역량을 요구합니다. 연결과 초연결, 빅데이터와 초지능, 집단 지성의 가치도 개개인의 가치, 관점, 신념이 단단한 빙산이 되어 녹지 않는다면 무용지물이 됩니다. 자신에게 존재하는 빙산을 일부러 꺼내어 시대의 흐름과 변화에 맞게 깨트리거나 녹여야 합니다. 다듬고 조작도 해야 합니다. 뿌리 깊은 믿음과 편안함, 기존의 습관과 관성이 모두 견고한 빙산이 될 수 있습니다. 수많은 고난과 실패, 좌절에서 회복하는 힘, 복원력을 갖추는 방법은 결국 생각을 만드는 가치, 관점, 신념의 지속적인 점검과 보완, 개선을 통한 성장입니다.

신카이 마코토 감독, 애니메이션 너의 이름은(Your name is) Express.co.uk

　잊고 싶지 않고, 잊으면 안 되는 사람. 일본 대지진과 세월호 참사에서 영감을 얻어 제작된 애니메이션 [너의 이름은]에서 두 주인공은 시간의 흐름을 거슬러 서로를 기억하려 합니다. 신카이 마코토 감독이 전달한 "무스비"는 지금도 페북과 인스타의 인기 해시태그입니다. 무스비는 인연, 만남, 관계, 연결된 매듭입니다. 무스비로 연결과 관계를 만들고 이름을 불러 존재를 인식합니다. 연결을 어려워하면서도 마음이 끌리고 연결을 추구하여 관계 맺기를 원하는 이유는 무엇일까요? 인간은 사회적 동물입니다. 끊임없이 타인, 공동체와 연결을 시도하고 유지하려 하는 것이 인간 본성입니다. 사이버볼 테스트(Cyberball Test)라는 실험에서 실험자들이 함께 공놀이를 하다가 의도적으로 공을 전달받지 못했습니다. 이때 실험자들은 무리에서 소외되고 배척되었다는 감정이 생기고 뇌 활동은 물리적 충격을 받은 상황처럼 비정상적이었습니다. 연결이 단절되어 사회적 관계를 맺지 못하면 정신적, 육체적 고통이 따라올 수 있다는 것을 알려준 실험이었습니다. 이 실험으로 인간은 연결을 시도하고 유지하는 사회적인 뇌를 가졌고 진화시켜 왔습니다. 이러한 인간 본성은 디지털 노마드 라이프 스타일을 만들고 디지털 세상과 연결된 Z 세대, 디지털 네이티브 세대를 만들어 연결을 원하는 인간 본성과 사회적 뇌의 활동으로 유튜브, 페이스북, 인스타그램 같은 디지털 플랫폼에서 성장하고 있습니다. 생각을 만드는 가치, 관점, 신념도 디지털 플랫폼과 초연결의 세상에서 소통과 협업으로 진화하여 더 많은 다양성을 만들고 있습니다.

학습과 공부 – 이유를 알면 길이 보인다

세상에서 가장 오래된 서사시는 호메로스의 [일리아스]입니다. 기원 전 8세기에 기록되어 불멸의 고전으로 자리매김 했습니다. 기원 전 12세기에 발생한 10년간의 트로이 전쟁 마지막 50여일의 기록을 담고 있습니다. 3천년의 시간 동안 인류와 함께해온 이유는 무엇일까? 아킬레우스로 대표되는 필멸의 존재인 인간이 운명에 당당히 맞서 대응하고 고뇌하며 학습하고 성장하는 모습을 그렸기 때문입니다. 하기 싫지만 억지로 해야 하는 일과 학습을 시지프의 형벌에 비유합니다. 큰 바위를 들고 산의 정상에 오르지만 이내

산 아래로 떨어집니다. 그럼에도 다시 산을 내려와 바위를 들고 산을 오릅니다. 무의미하고 고통스러운 상황을 이야기하지만 시지프스에게는 다른 의미가 있습니다. 시지프스는 인간을 위해 죽음의 신을 저승에 묶어 두었습니다. 삶에 대한 열정 때문에 저승으로의 소환도 거부했습니다. 신들에게 반항하는 시지프스에게 형벌이 내려졌지만 운명을 무의식적으로 수용하지 않습니다. 그에게는 인간으로서 삶의 열정이 녹아 있었기 때문입니다.

시지프스가 지혜의 여신 아테나를 만났다면 어떻게 되었을까요? 제우스의 번개, 헤르메스의 날개 달린 모자의 샌달, 아킬레우스의 갑옷, 에로스의 활과 화살을 만든 기술의 신 헤파이토스를 만났다면 무거운 바위를 손쉽게 이동하고 떨어트리지 않도록 새로운 도구를 요청했을 것입니다. 신과 인간의 소식을 전달하는 헤르메스에게 자신의 상황을 신들과 인간에게 전해달라고 요청했을 수도 있습니다. 인류에게 은혜를 베푸는 데메테르에게 도움을 요청할 기회도 있었을 것입니다. 시지프스가 과거의 역사를 알았다면 유사한 선례와 해결책을 탐구했을 지도 모릅니다. 여러 사람들과 대화를 할 수 있었다면 형벌을 다양한 방법으로 효율성을 찾아 시도하고 개선하여 더 좋은 방법을 찾았을 수도 있습니다. 이처럼 학습과 공부는 과거와 현재의 수 많은 점들을 연결하는 힘을 길러 줍니다. 연결을 끊는다면 모든 것을 혼자 감당해야 합니다.

아킬레우스의 승리, 프란츠 마슈 작 Wikimedia, 시지프스의 형벌 BBC

괴물 미노타우로스를 물리친 테세우스가 귀환하자 사람들은 테세우스의 배를 보존했습니다. 배가 낡기 시작하자 나무판자를 하나씩 덧대어 보수했지요. 오랜 시간이 흘러 나무판자는 테세우스의 배를 완전히 뒤덮었습니다. "이 배는 과연 테세우스의 배인가?" 라는 문제에 답하기 어려울 수 있지만 항해를 하지 않는다면 결코 목적지에 이를 수 없습니다. 아무리 견고한 배라도 덧대고 보수하며 개선해야만 파도와 풍랑을 이겨낼 수 있습니다. 나무판자를 덧대는 것은 학습과 공부입니다. 노를 젓던 방식에서 돛을 달고 증기기관을 적용하고 제트엔진으로 교체하면 더 좋은 효율을 얻을 수 있습니다. 4차 산업혁명의 불확실성에서 학습과 공부는 테세우스의 배를 점검하고 개선하여 파고를 헤쳐 원하는 곳으로 항해하기 위한 준비 과정이자 무수한 연결을 만들기 위한 시작입니다.

학습과 공부는 세상과의 연결이며 흩어진 지식과 경험에서 새로운 가치와 기회를 찾는 과정입니다. 카이로스의 시간과 크로노스의 기회도 학습과 공부로 준비가 되어있다면 더 많은 가능성으로 다가올 수 있습니다. 펄펄 끓는 물에 개구리를 넣으면 금방 튀어 나오지만 찬물 속의 개구리는 물의 온도를 천천히 올리면 변화를 감지하지 못하고 변하지 않으려는 관성을 갖습니다. 변화를 무의식적으로 받아들입니다. 결국 펄펄 끓는 물이 되어도 탈출하려는 시도도 하지 못하고 죽는 "삶은 개구리 효과"가 나타나는 것입니다. 초음속 콩코드 비행기는 첨단 기술과 혁신의 상징이었지만 수익성의 문제가 지적됐음에도 이제껏 해왔으니 포기할 수 없다며 부정적인 의견을 모두 무시했습니다. 결국 수익성 악화는 현실이 되었고 "콩코드의 오류"라는 불명예와 함께 역사에서 사라졌습니다.

학습과 공부는 변화를 감지하고 무의식적인 수용에 맞서 생각하고 점검하는 기회를 선사합니다. 자만심과 자기만이 옳다는 확증 편향, 익숙함에서 생기는 관성과 자기를 합리화하는 문제점들을 살펴보고 개선하는 계기를 만들 수 있습니다. 시대가 요구하는 협업과 소통을 위한 이야기 재료를 얻을 수 있습니다. 불편함에서 새로운 경험과 가치를 만드는 힘을 제공합니다. 더 나은 세상을 만들기 위한 역량을 제공합니다. 전 세계에 널린 수많은 점들을 연결하여 선을 만들어 새로운 맥락을 제공할 수 있습니다.

학습과 공부는 가치, 관점, 신념에 따라 다양하게 나타납니다. 학교에서 공부를 잘해야 한다는 가치가 될 수 있고 친구들과의 관계, 소통, 협력과 배려도 학습과 공부의 또 다른 가치와 관점이라고 생각할 수 있습니다. 학습과 공부를 학문에서 찾을 수 있고 인생, 대인 관계, 문화와 예술, 장사와 사업에서 찾을 수 있습니다. 자신의 학습과 공부에 왜(Why?)라는 질문을 제시하여 답변을 찾아간다면 더 많은 가치를 부여하고 의미를 찾을 수 있습니다.

학습과 공부를 통해 가치, 관점, 신념으로 대표되는 자기 자신을 실현할 수 있습니다. 대학 진학, 직장, 돈, 가정, 행복한 삶, 멋진 노후, 세상에 주는 영향과 영감, 더 나은 세상 만들기 등이 모두 자기실현의 과정이자 결과물입니다. 학습과 공부는 세상의 지식과 지혜를 연결하고 새로운 연결을 만들며 경험하지 못한 가치를 제공합니다. 만유인력 법칙과 뉴턴의 운동법칙을 만들어 고전 물리학의 개념을 세운 아이작 뉴턴은 거인의 어깨에 올라서서 더 넓은 세계를 바라본다고 했습니다. 위대한 천재로 칭송 받은 뉴턴조차 무수한 인류의 지식과 지혜를 연결하여 맥락과 가치를 찾았다고 했습니다. 4차 산업혁명의 미래 역량으로 평생학습이 강조되고 끊임없는 학습이 불확실성의 파도에서 자신을 지키고 보호하는 견고한 방패막이 됩니다. 학습과 공부도 인공지능, 빅데이터, 협업과 집단 지성의 힘으로 시간과 노력이 단축되어 더 많은 기회와 가치를 찾고 있습니다. 학습과 공부의 이유, 방법, 결과에 대하여 왜(Why?), 어떻게(How?), 무엇(What?) 이라는 질문으로 성장시켜 자신의 역량으로 만드는 것입니다.

마인드, 합리적 낙관주의, 용기

그리스 신화에서 기술의 신 헤파이토스가 아킬레우스에게 만들어준 갑옷과 방패는 세상의 어떤 무기보다 강했습니다. 테티스는 아킬레우스의 발목을 잡고 스틱스 강물에 넣어 불사신으로 만들었습니다. 하지만 아킬레우스는 파리스가 쏜 화살에 발 뒤꿈치를 맞아 결국 죽고 말았습니다. 이후 치명적인 약점을 "아킬레스 건"으로 이야기합니다. 다이달로스와 아들 이카루스는 세상에서 가장 정교한 미로 라비린토스를 만들었지만 자신들이 갇히게 되었습니다. 수 많은 시도 끝에 밀랍과 깃털을 모아 날개를 만들고 하늘을 날아 탈출에 성공했습니다. 하늘을 날 수 있다는 성공 확신과 자만심에 이카루스는 하늘 가장 높은 태양까지 날아올랐지만 이내 밀랍이 녹고 깃털이 타면서 추락하여 죽고 말았습니다. 아킬레우스는 운명에 맞선 영웅이지만 예견된 죽음에 대비하지 않았습니다. 자신이 불멸의 존재임을 맹신한 것입니다. 이카루스는 과거의 성공에 심취하여 뜨거운 온도 변화를 인식하지 못한 것입니다. 4차 산업혁명 시대는 강하고 거대하고 똑똑한 천재를 원하는 것이 아닙니다. 인공지능과 빅데이터로 이미 인간의 지능을 넘어섰습니다. 이제는 변화하는 세상을 얼마나 민첩하게 변화를 감지하고 맥락을 이해하여 가치와 기회를 만드는 가에 미래가 달린 것입니다.

행복은 마음먹기에 달렸다고 하듯이 화엄경에서는 모든 것은 오직 마음먹기에 달렸다는 일체유심조 사상을 이야기합니다. 생각을 만드는 가치, 관점, 신념에 좌우된다고 말하기도 합니다. 실패도 마음먹기에 달렸습니다. 경험을 얻고 학습해서 다음 도전의 실패 위험을 줄일 수 있다고 생각하는 것입니다. 에디슨은 1만번의 전구 실험 실패에 관해서 오히려 1만 번의 경험과 실패의 방법을 배웠다고 이야기합니다. 인생이 괴롭고 힘들어 포기하려는 그 순간이 처음 출발점보다 목표에 조금 더 가까운 징검다리라고 생각하면 어떨까요?

가치, 관점, 신념으로 만들어지는 생각은 마음을 지배하고 행동과 습관을 만듭니다. 가장 먼저 점검할 대상은 마음 즉, 마인드(Mind)입니다. "난 머리가 나빠서 공부해도 안 되요. 노력은 할 만큼 했어요. 그것 봐요. 역시 안 되잖아요. 애초에 성공하는 사람은 이미 정해져 있는 답정너 아닌가요?" 이렇게 말하는 사람들에게는 판도라의 상자에서 이미 희망이 빠져나간 것입니다. 그리곤 그 빈 상자에 부정의 기운을 보관합니다. 이런 사람들은 썩은 사과(Bad Apples)가 될 수 있습니다. 부정의 기운을 주변에 퍼트려 주변의 모든 사과들도 썩게 만드는 것입니다. 부정의 마인드는 자신과 친구, 집단과 사회를 모두 썩은 사과로 만들 수 있습니다. 그럼 항상 긍정적인 생각, 긍정의 마인드만 가져야 할까요?

취업에 실패한 취준생, 수능 시험을 망친 학생에게 "괜찮아 잘 될 거야, 너는 할 수 있어" 라고 위로합니다. 어깨를 토닥입니다. 무엇이 괜찮고 잘 된다는 것일까요? 위로와 격려는 정서적인 안정을 전달해

줍니다. 공감의 마음으로 고통을 나눌 수 있습니다. 하지만 실질적인 해결책이 되지 않습니다. 위로와 격려로 인하여 오히려 현실적인 문제점과 해결책을 찾지 못할 수 있습니다. 위로와 격려에서 빠진 것은 바로 올바른 피드백입니다. 관계를 유지하고 관계가 틀어지는 것을 피하려 직접적으로 원인과 해결책을 제시하는 피드백을 하지 않으려 합니다. 좋은 것이 좋다는 생각으로 촌철살인의 피드백을 제공하지 않습니다. 피드백을 받는 입장에서도 냉혹한 피드백을 받아들일 용기가 없습니다. 위로와 격려를 얻고자 하는 대상에게 냉철한 피드백은 관계의 단절을 의미할 수 있습니다. 친구나 동료사이에서도 서로의 의도를 파악하지 못하고 잘못된 피드백과 위로, 격려의 기대로 관계가 틀어지게 됩니다. 이러한 위로와 격려는 단지 일시적인 힐링으로 끝나게 됩니다.

생생하고 간절하게 바라면 이루어질까요? 고대 그리스 조각가 피그말리온은 자신의 이상형을 조각상으로 만들어 갈라테이아로 부르며 실제 사람처럼 정성을 다했습니다. 결국 아프로디테의 명령을 받은 에로스의 입맞춤으로 갈라테이아는 여인이 되었습니다. 간절하게 바라면 이루어지는 현상을 "피그말리온 효과"라고 합니다. 학교에서 선생님이 학생들의 성적이 오를 것이라고 긍정적으로 생각하면 그 마음의 영향이 학생들에게 전달되고 학생들도 선생님의 믿음과 기대감을 알면 성적이 올랐습니다. 반면 부정적 마인드를 가진 선생님의 학생들은 성적이 떨어지고 이루고자하는 성취동기가 현저히

저하되었습니다. 피그말리온 효과는 격려와 위로로 공감을 나누고 긍정의 마인드를 전달합니다. 다시 생생한 꿈을 꿀 수 있도록 동기를 제공합니다. 하지만 철저한 자기반성과 피드백이 없다면 생생한 꿈은 개꿈이 됩니다. 꿈을 꾸지만 헛된 노력을 한다면 오히려 힘만 듭니다. 꿈을 꾸고 계획적인 노력을 하더라도 너무 큰 실패에 좌절하여 다시 일어서기 힘들 수도 있습니다. 영화 "브레이브하트"에서 윌리엄 월레스는 스코틀랜드의 독립을 위해 싸웠지만 무모하고 헛된 희망을 꿈꾸지 않았습니다. 오히려 죽을 수도 있음을 알리고 진정으로 사는 것, 자유를 외쳤습니다.

피그말리온과 갈라테이아, 에로스 Wikimedia, 짐 스톡데일 US naval institute.

격려와 위로, 긍정의 피드백, 부정의 피드백 이후에 중요한 것은 현실, 현재의 자기 자신과 처한 환경, 조건 등을 다양하게 점검하고 개선하여 성장의 밑거름이 되도록 해야 합니다. 냉혹한 현실을 인식하고 구체적인 실행 계획과 실패를 통한 학습도 함께 해야 합니다.

짐 스톡데일은 베트남 전쟁에서 8년의 수용소 시절에 반드시 살아
돌아간다는 희망과 함께 비참한 현실을 인식했습니다. 헛된 기대감
과 좌절로 동료들이 삶을 포기할 때 스톡데일은 성공의 믿음과 냉
혹한 현실을 직시하는 이중성으로 수용소 생활을 이겨낸 것입니다.
그는 결국 생존하여 돌아왔고 그의 이야기는 "스톡데일 패러독스"로
불리며 현재와 같은 불확실성과 복합적 문제에 직면하는 현실에서
합리적 낙관주의를 바탕으로 유연하면서도 흔들림 없는 마인드로
주목받고 있습니다.

현재를 점검하고 미래를 점검하기 위해서는 마인드의 한 부분인
"아는 척 하기"를 점검해야 합니다. 아는 것을 안다고 하고 모르는
것을 모른다고 하는 것이 아는 것입니다. 무엇을 알고 무엇을 모르는
지를 구분하는 "메타인지"와도 같은 뜻입니다. 4차 산업혁명 시대에
현재를 점검하고 미래 역량을 만들며 성장하는 것도 그 시작은 아
는 것과 아는 척하는 것을 구분하여 자신의 무지를 인식하는 것에
서 시작합니다. 하지만 무시당한다는 생각과 타인의 시선이 두려워
아는 척을 하며 자기 합리화, 자기변명으로 더 많은 아는 척을 하게
됩니다. 아는 척 하기는 자신을 성장시키는 용기일까요? 세상과 연
결하여 무수한 점들을 연결하여 새로운 기회와 맥락을 찾는 기회를
상실하는 것 아닐까요? 다시 양철북을 성장을 멈춘 오스카로 되돌
아가려는 것 아닐까요? 꿈을 이루지 못하는 것은 실패할지도 모른
다는 두려움 때문이고 용기가 없는 것입니다. 디즈니와 픽사의 상상

력은 꿈을 만드는 두려움 없는 용기입니다. 진정한 용기란 순간의 자존심을 버리고 냉혹한 현실을 인식하며 모르는 것을 인정하여 민첩하고 유연하게 새로운 학습과 공부로 성장시키는 마인드와 행동입니다. 자존심을 버리고 자기를 소중하여 여기는 자존감을 만들기 위해 용기를 키워야 합니다.

학습을 혁신하자 - 메타인지, 러닝 피라미드, 질문

고대 그리스 사람들은 신들의 지혜를 얻고자 델포이 신전에서 신탁을 받았습니다. 하지만 사람마다 신탁을 달리 해석하여 어려움을 겪었습니다. 신전 입구에 "너 자신을 알라"고 적힌 글귀는 이처럼 답을 구하기 이전에 자신의 역량과 처한 상황, 직면한 문제의 정의가 우선임을 이야기한 것은 아닐까요?

메타인지는 자신이 아는 것과 모르는 것, 알고 있다고 착각한 것을 구분하며 학습하고 이해하는 인지 역량이 어느 정도인지를 파악하여 자기 주도적으로 학습 전반을 관리하며 성장하는 역량입니다. 4차 산업혁명 시대에 평생학습이 강조되면서 메타인지는 미래 역량을 준비하는 핵심이 되었습니다. 학습 계획을 주도적으로 작성하고 계획하기, 실행하기, 점검하기, 피드백과 개선 과정을 지속하여 자신을 성장시킬 수 있습니다. 메타인지로 학습의 동기가 유발되고 협업과 소통, 집단 지성을 위한 연결의 힘도 강화됩니다. 미래 인재를 위한 복합적 문제해결 역량은 문제 인식, 대안 도출, 협업과 소통의 근간에 메타인지가 자리잡고 있습니다.

초연결, 초지능의 시대에서 똑똑한 두뇌는 이제 빅데이터, 인공지능, 집단의 힘으로 대체되고 있습니다. 누구라도 인공지능과 빅데이터 서비스를 이용하는 시대입니다. 소셜미디어와 온라인 플랫폼으로 집단 지성을 접할 수 있습니다.

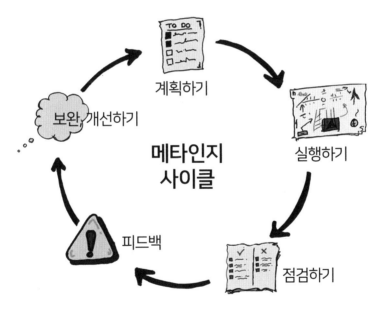

메타인지 사이클, Jossey-Bass, How learning works 수정

정작 중요한 것은 수많은 데이터에서 의미와 맥락을 찾아 가치와 기회를 발굴하는 역할입니다. 메타인지가 우수한 사람들은 수많은

정보에서 패턴이라 불리는 유사성, 연관성을 찾아 기존 기억, 지식, 정보와 연결 시켜 정보를 성장시키고 확장합니다. 가령 포도, 생크림, 요거트, 당근, 치즈, 오렌지, 사과, 우유, 감자 등의 정보를 제공했을 때 유사성을 찾아 먹을 수 있는 것과 없는 것, 큰 것과 작은 것 등으로 분류할 수 있으며 이를 채소, 과일, 유제품의 그룹으로 분류할 수 있습니다. 전 세계를 북미, 남미, 유럽, 아시아, 중동과 아프리카로 구분하고 인류를 X세대, Y세대, 밀레니엄 세대 등으로 구분하는 것도 같은 이유입니다.

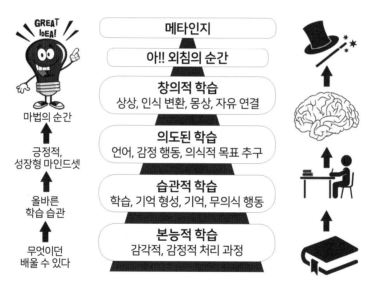

학습과 메타인지 과정 Waldman, Newberg, 수정

4차 산업혁명의 시대에서 창의력은 그 중요성이 더욱 확대되고 있습니다. 세상을 놀라게 할 번득이는 아이디어는 어떻게 만들어질까요? 무엇인가 새로운 것을 배웠다면 메타인지에 도달하기 위해 본능적 학습 단계, 습관적 학습 단계, 의도된 학습 단계, 창의적 학습 단계를 거쳐 어느 순간 수많은 지식과 경험이 연결되고 확장하여 아! 외침의 순간과 메타인지를 경험하게 됩니다. 이를 위해서는 무엇이던 배울 수 있다는 마음과 올바른 학습 습관, 긍정적이며 성장형 마인드셋을 갖추어야 합니다. 본능적 학습 단계에서는 호기심, 성취 욕구를 가지고 무엇인가를 배우려 합니다. 이때 무엇인가를 성공하면 좋은 경험이 지속되고 목표 달성에 실패한다면 부정적 경험과 감정을 만듭니다. 시험을 망치면 공부하기 싫어지는 것도 이런 이유입니다. 하기 싫은 공부를 시험 기간에 본능적으로 학습한 것은 아닐까요? 본능적 학습 단계를 넘기 위해서는 생각과 행동이 습관이 되어야 합니다. 몸에 익숙하게 한다는 체화라고 합니다. 공부 습관, 학습 습관, 운동 습관, 마음가짐 등 본능적 학습 단계에서 경험한 작은 성공들을 지속적으로 실천하여 습관을 형성해야 합니다. 이 단계에 들어서야 비로소 학습한 내용이 머릿속에 자리잡고 무의식적으로도 기억이 떠오르거나 학습을 하고자 행동합니다. 따라서 현재를 만들고 미래를 점검하는 일은 마인드와 학습 태도를 습관으로 변화시켜야 하는 것입니다.

습관적인 학습은 이후 의도된 학습으로 진화해야 합니다. 의식적으로 학습의 목표를 수립하고 습관을 넘어 노력과 열정이 투입되어야 합니다. 이 단계에서는 두뇌에 저장된 단기 기억들을 사용하여 장기 기억으로 만들게 됩니다. 공부를 하고 반복하여 오랫동안 기억하는 것입니다. 또한 이 과정에서 학습을 방해하는 부정의 마인드, 부정적 피드백, 실패 경험, 불확실성으로 학습에 방해를 받습니다. 자신의 마인드와 학습 상태를 주기적으로 점검하고 개선하는 메타인지 사이클의 과정에 따라 학습을 진행해야 합니다. 의도된 학습이 지속되면 창의적 학습 단계를 경험하게 됩니다. 자신의 지식과 타인의 지식이 연결되어 새로운 맥락과 의미가 파악되고 새로운 경험과 아이디어를 만나게 됩니다. 학문간 경계도 무너트리고 융복합이 일어나는 것입니다. 꿈속에서도 아이디어가 떠오르고 모든 소통과 연결이 새로움을 만들어 냅니다. 이 순간이 누적되면 이제 아! 외침의 순간을 맞이하며 창의적, 창발적 영감이 머릿속에 설계됩니다. 바로 메타인지가 최고의 에너지로 폭발하는 것입니다.

학습 과정에서 학습 내용을 오랫동안 기억하는 효과적인 방법은 무엇일까요? 학습 내용을 기억하는 능력도 평균치가 있을까요? 미국의 한 연구기관이 다양한 방법으로 학습을 진행한 후의 기억 효과를 측정했습니다. 학습 후 24시간이 경과하자 인터넷 강의, 전달 수업 등의 듣기 위주의 수업은 전체 내용의 5%를 기억했고, 독서는 10%, 선생님의 시범은 30%, 토론 학습은 50%, 학습자가 참여한 경우 75%, 학습자가 직접 다른 사람에게 설명하고 가르치는 경우 90%의 내용을 기억했다고 발표했습니다. 친구들이 서로 공부한 내용을 가르쳐 주거나 설명할 때 자신도 공부가 된다고 생각하는 것이 입증된 것입니다. 타인을 가르침으로서 가장 오랫동안 학습효과를 유지하는 이유는 무엇일까요?

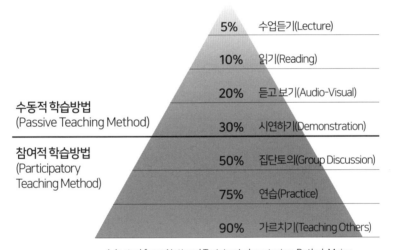

평균 기억률
(Average Retention Rates)

수동적 학습방법
(Passive Teaching Method)

참여적 학습방법
(Participatory Teaching Method)

5%	수업듣기(Lecture)
10%	읽기(Reading)
20%	듣고 보기(Audio-Visual)
30%	시연하기(Demonstration)
50%	집단토의(Group Discussion)
75%	연습(Practice)
90%	가르치기(Teaching Others)

Adapted from National Training Laboratories. Bethel, Maine

얼마나 오래 기억할까? 러닝 피라미드(Learning Pyramid) NTL

바로 메타인지와 관련이 있습니다. 다른 사람을 가르치는 과정에서 자신이 아는 것과 모르는 것이 구분되고 알고 있더라도 설명하지 못하거나 알고 있다고 착각한 것들이 명확하게 드러나기 때문입니다. 이 과정에서 자신의 기억 용량이나 커뮤니케이션 역량도 점검할 수 있습니다. 여러 사람의 피드백으로 다양한 개선점을 찾아 보완할 수 있습니다. 하지만 모든 학습에서 상대방에게 가르치기를 진행하는 것은 현실적으로 불가능하며 시간적인 여유도 부족할 것입니다. 결국 자신에게 하는 질문으로 스스로 점검하고 확인해야 합니다. 학습의 기본은 반복하고 점검하기 입니다. 어린 시절 구구단을 힘겹게 암기한 이후 평생을 기억하는 이유는 그만큼 반복과 점검을 통한 활용이 지속되고 있기 때문입니다.

학습 과정에서 반복과 점검의 중요성을 알려주는 사례가 에빙하우스의 망각 곡선입니다. 인간의 두뇌는 학습 직후부터 기억을 잃어버리게 되는데 지속적인 반복과 점검으로 기억을 유지하고 단기기억을 장기기억으로 전환시킬 수 있습니다. 반복과 점검이 없다면 불과 1주일 만에 전체 학습량의 70% 이상이 망각될 수 있습니다. 시간과 노력을 들여 학습했음에도 불구하고 반복과 점검이 없다면 헛수고를 한 결과를 초래합니다. 반복과 점검도 주기적으로 진행되어야 합니다. 학습 후 10분, 1일, 1주, 1달을 기준으로 4회 반복을 함으로써 단기 기억이 6개월 이상의 장기 기억으로 전환되고 원하는 시기에 충분히 기억을 꺼내어 활용하는 것이 가능해집니다.

메타인지의 과정은 계획하기, 실행하기, 점검하기와 피드백,

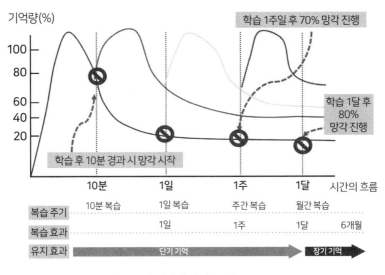

에빙하우스의 기억의 망각 곡선 [최강공부법]

보완과 개선하기를 반복합니다. 학습과 공부도 동일합니다. 공부하는 방법을 모르겠다고 말하는 학생들은 이와 같은 과정을 반복하고 점검하지 않기 때문입니다. 반복하더라도 자기에게 질문하고 점검하는 과정에서 약점을 찾아 그 부분을 집중적으로 공략하고 개선하지 않기 때문입니다. 해도 안 된다는 부정의 마인드와 실패 경험이 점차 자신에게 질문하고 점검하고 보완하는 과정을 습관과 의도된 학습으로 발전하지 못하게 막는 것입니다. 본능적 학습에서 습관적 학습으로 옮겨가지 못한 것입니다. 학습의 분량도 중요하지만 작은 계획과 실천, 목표를 달성한 성공의 경험을 지속적으로 만들어 습관으로 만들고 이 과정에서 점검과 반복, 자기 질문과 답변으로 기억을 강화하는 것입니다.

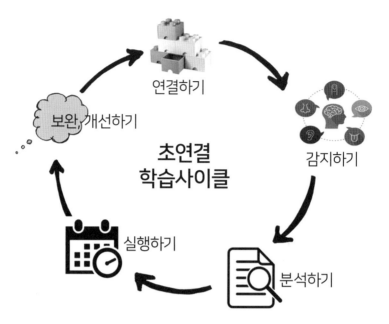

초연결 학습 사이클 – 연결, 감지, 분석, 실행, 보완과 개선

미래 역량을 갖추고 평생 학습을 수행해야 하는 청소년과 성인들
은 변화를 감지하고 맥락을 파악하여 기회와 가치를 만들기 위해
[초연결 학습 사이클]로 학습을 지속해야 합니다. 첫 번째 시작은
연결하기 입니다. 관심분야와 연결하고 세상과 연결하며 특정 분야
에 의도적으로 접근하는 것입니다. 과학기술에 관심이 있다면 과학
서적, 온/오프라인 커뮤니티, 매거진 등에 의도적으로 관심을 두어
야 합니다. 스포츠에 관심이 있다면 특정 스포츠를 선정하고 좋아
하는 팀과 선수, 경기 규칙 등을 알아가는 것이 초연결 학습 사이클
의 연결하기 입니다.

관심 분야에 연결했다면 다음 단계는 감지하기 단계입니다. 감지하기는 변화를 감지하는 능력입니다. 삶은 개구리 효과처럼 변화를 감지하지 못한다면 학습의 의미를 상실할 수 있습니다. 연결된 관심 분야의 소셜 미디어, 언론사 뉴스, 구독 정보 서비스 등으로 민첩하게 변화를 감지해야 합니다. 4차 산업혁명, 인공지능, 빅데이터도 변화의 요인이며 로봇과 인공지능으로 일자리가 줄고 새로운 일이 생겨나는 것도 변화입니다. 이러한 변화를 신속하게 감지하고 필요한 역량을 갖추는 것이 경쟁력의 원천입니다.

변화를 감지했다면 변화의 원인, 현재와 미래에 미칠 영향을 파악하고 어떻게 대응하는지를 분석하고 계획을 수립하는 분석하기 단계로 진입합니다. 지진을 감지했더라도 진앙지, 지진 규모, 후속 지진, 피해 예측을 하지 않는다면 감지의 의미가 없을 것입니다. 빅데이터 홍수의 시대이지만 자신에게 필요한 가치를 찾지 못한다면 의미 없는 데이터가 됩니다. 일기 예보를 듣더라도 비올 확률과 시간을 점검하거나 우산을 챙기지 않는다면 비를 맞게 됩니다. 의미와 가치를 찾고 다양한 정보에서 맥락을 파악하여 새로운 기회를 창출하는 모든 활동이 분석하기 단계에서 시작됩니다.

다음 단계는 실행하기 단계입니다. 변화를 감지하고 분석했다면 왜(Why), 어떻게(How), 무엇을(What)이라는 질문에 답을 할 수 있습니다. 변화에 대응하여 나는 어떠한 이유로 무엇을 어떻게 하겠다는 계획과 목표가 수립되어 마음을 먹고 행동할 수 있습니다. 실행하기 단계에서는 큰 목표와 큰 실행을 작은 목표와 작은 실행으로 나누어 성공과 실패 경험을 신속하게 맛보아야 합니다. 너무 큰 실패는 부정의 감정을 너머 다시 일어서기 조차 힘들 수 있습니다. 자신의 계획과 목표를 작게 나누고 빠르게 실행하면서 문제점을 발견하여 보완, 개선하기 단계로 나아갑니다.

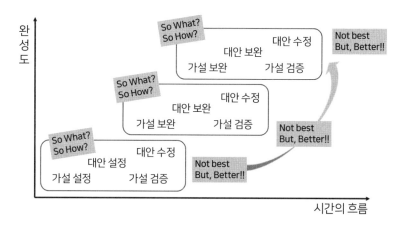

보완, 개선하기 단계는 연결, 감지, 분석, 실행하기 단계에서의 모든 생각과 행동, 목표와 계획에 점검과 피드백 결과를 반영하는 것입니다. 이 단계에서는 한번에 최고의 결과를 얻을 수 없습니다. 최고(Best)가 아닌 좀더 나은(Better) 개선을 지속적으로 실천하여 최고에 가깝게 다가설 수 있습니다. 과학 실험을 생각해 볼 수 있습니다. "만약 ~라면" 이라는 생각을 해보는 것입니다. 이를 가설이라고

합니다. "성공하려면", "좋은 성적을 얻으려면" 등이 가설이 됩니다. 하나의 가설을 설정하면 그래서 무엇(So What?), 그래서 어떻게(So How?)라는 질문과 분석, 실행으로 가설을 검증합니다. 가설이 완벽하지 않으면 대안을 설정하고 대안을 검증할 수 있습니다. 최고가 아니더라도 최선을 위해 진행하는 것입니다. 이 과정을 반복하면 완성도를 높일 수 있고 최고가 아니더라도 지속적인 최선으로 최고를 향하는 것입니다.

생각과 질문을 혁신하자 - 성장형 질문, 질문의 골든 서클

강의를 수강할 때 어떤 선생님을 선택할지 고민합니다. 분식집 메뉴 선택은 결국 "아무거나, 난 상관없어"라는 말로 끝나게 됩니다. 무심한 듯 하지만 결정을 못하는 마음을 숨긴 것입니다. 이러지도 저러지도 못하는 햄릿처럼 결정 장애, 햄릿 증후군을 겪는 메이비(Maybe) 세대가 되어가고 있습니다. 생각이 없거나 많은 생각이 머리 속에서 정리되지 않는 것도 문제입니다. 원하는 시기에 생각이 떠오르지 않아 다양한 생각들을 연결하여 새로운 가치를 만드는 것은 더더욱 어렵습니다. 이제는 생각도 혁신해야 합니다. 빌 게이츠 회장이 가장 아끼는 보물은 레오나르도 다빈치의 [다빈치 노트]입니다. 1만 페이지가 넘는 노트에 인체 구조, 비행기의 원리, 자동차와 잠수함, 기계와 로봇 원리 등 수 많은 분야의 아이디어를 글과 그림, 심지어 악필로 스케치 했습니다. 그의 천재적인 역량과 업적은 샘솟는 아이디어를 지치지 않고 정리하며 시각화 하고 다양한 분야로 생각

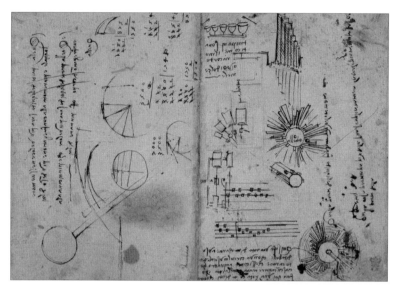

다빈치 노트의 한 페이지 Open Culture

을 확장했기 때문입니다. 현재는 디지털의 시대입니다. 스마트폰으로 언제라도 사진을 찍고 녹음하며 메모할 수 있고 공유할 수 있습니다. 순간적으로 떠오르는 아이디어와 영감을 포착하여 자신의 생각 발전소에 새로운 소재로 입력해야 합니다. 플래너, 포스트잇, 다이어리도 손쉬운 생각 정리, 시각화 도구입니다. 두뇌의 기억 용량은 한계가 있습니다. 때론 원하는 기억이 바로 떠오르지 않습니다. 생각을 정리하여 두뇌가 다른 분야에서 끊임없이 활동하도록 해야 합니다. 때로는 의도적으로 멈추어 생각하고 정리하는 시간을 갖는 것도 필요합니다. 생각을 정리하고 기록하며 연결해보는 과정입니다. 빌 게이츠는 이를 [생각 주간]이라고 부르며 아이디어를 정리하고 연결하여 새로운 가치와 기회를 만들고 있습니다.

다빈치가 그의 노트에서 생각을 정리한 이후 무엇을 했을까요? 질문으로 수많은 생각을 연결했습니다. 유사한 생각을 묶고 큰 생각을 여러 개의 작은 아이디어로 나누었습니다. 끊임없이 왜(Why?), 어떻게(How?), 무엇을(What?)의 질문으로 생각을 성장시켰습니다. 일상에서 "스무고개" 놀이도 꼬리에 꼬리를 물고 생각을 좁히거나 확장하는 방법입니다. 무수한 생각들은 단지 점에 불과합니다. 점들을 모아 선을 만들고 면과 입체를 만드는 시작은 연결이며 연결하기 위해서는 끊임 없는 질문이 필요한 것입니다. 생각에 질문을 던지면 또 다른 생각이 만들어지고 다르게 생각하면 더 많은 생각들과 함께 할 수 있습니다. 세상의 모든 창조는 과거에서 현재까지의 무수한 점을 연결하여 가치를 만든 결과물입니다.

애플(Apple)의 다르게 생각하라(Think different) 광고 포스터 appleinsider

애플은 세상을 바꿀 수 있다고 생각할 만큼 미치도록 생각을 연결한 사람들이 세상을 바꿨다며 "다르게 생각하라(Think different)" 캠페인을 진행했습니다. 다르게 생각한다는 것은 경계를 무너트리고 모든 것을 섞어 또다른 경험을 만들고 이런 경험을 창의와 창조로 성장시킵니다. 걸리버 여행기 소설에서 애니메이션 천공의 성 라퓨타가 탄생했고 라퓨타는 영화 아바타의 기본 모티브를 제공했습니다. 포켓몬스터와 센과 치히로의 모험에 나오는 수 많은 괴물들은 중국 고전 산해경에서 아이디어와 영감을 얻어온 것입니다. 영화 어벤저스에서 천둥의 신 토르는 북유럽 신화와 신들의 종말을 의미하는 라그나로크에서 창조된 것입니다. 인어 아저씨는 없을까요? 동양 신화에서 인어는 눈물로 진주를 만드는 인어 아저씨입니다. 디즈니는 2020년 제작될 인어공주 실사판에 흑인 배우 할리 베일리를 선정했습니다.

창의력과 상상력, 창조는 생각하고 연결하고 질문하는 능력입니다. 생각을 혁신하기 위해서는 질문해야 합니다. 당연함과 불편함을 받아들이면 더 이상의 질문과 개선, 혁신과 창조는 존재하지 않습니다. 꿈과 희망도 만들어질 수 없습니다. 주판에 만족했다면 컴퓨터 개발은 불가능했고 벽돌 크기의 전화기에 만족했다면 폴더블 스마트폰은 상상도 못했을 것입니다. 항공기 소음에 만족하여 음악을 듣고 싶은 욕구를 포기했다면 노이즈 제거 헤드폰은 탄생하지 못했을 것입니다. 누구나 생각하고 상상할 수 있지만 질문은 생각과 상상을 구체화 하며 근거를 만들어 줍니다. 다르게 생각하고 다른 관점을 가질 수 있습니다. 튼튼하고 질긴 옷을 원하는 광부들에게 천막의 천으로 바지를 만든 리바이스 스타라우스의 다른 생각이 청바지를 탄생시킨 것입니다. 더 빠른 말을 요구하는 사람들에게 포드는 다르게 생각하여 자동차를 선보였습니다. 컴퓨터는 회사에서 쓰는 것이라는 생각에 애플은 가정에서 식구들이 모여 게임을 하고 커피를 마시며 세금을 계산하는 필수품으로 관점을 달리하여 최초의 개인용 컴퓨터 애플을 만들었습니다. 생각에 질문을 더하면 당연함이 의문이 되고 관점이 달라져 새로운 세상이 열릴 수 있습니다.

혁신과 창의성이 강조되고 상상력이 경쟁력의 원천이 되는 시대에서 질문은 당연하다는 생각의 틀을 허물고 맥락과 본질을 찾는 힘을 제공합니다. 질문을 의심해본 경험이 있나요? 생각은 질문으로 당연함을 이겨내지만 질문은 항상 올바를 것이라는 생각도 의심해야 합니다. 질문을 하기 전에 올바른 질문인지를 점검하는 것입니다. 다르게 생각하는 것은 질문조차 의심하며 올바른 질문을 만들어가는 과정입니다. 왜 공부를 못하는가? 왜 실패했는가? 왜 말을 듣지 않는가? 등의 질문은 올바른 답변을 듣기 위한 질문이 아니라 질책입니다. 질문을 받는 사람의 마음을 닫아 버립니다. 무엇이 문제인가? 라는 질문보다 내가 무엇을 도와줄까? 라는 질문은 다양한 답변을 유도합니다. 답변하는 사람에게 생각의 시간과 기회를 제공합니다. 유대인 부모들은 자녀에게 선생님 말씀 잘 들었니? 라는 질문보다 오늘은 어떤 질문을 했니? 라는 질문으로 아이의 생각을 성장시키는 것입니다.

집중하거나 몰입하여 주변의 소리가 잘 들리지 않거나 촛불이나 볼펜 끝에 시선을 집중하여 사물이나 현상이 보이지 않는 경험을 할 수 있습니다. 인간의 두뇌는 설정한 목표에 집중하고 몰입하면 다른 자극에는 별다른 반응을 보이지 않기 때문입니다. 이런 이유로 학습과 배움의 과정에서 집중과 몰입의 효과를 얻을 수 있지만 다르게 생각하면 집중과 몰입은 다양성을 놓치는 원인이 될 수 있습니다. [보이지 않는 고릴라 실험]에서 학생들에게 공놀이의 패스 횟수를 세라고 지시하면 대부분 답을 맞추지만 게임 중에 고릴라가 지나간 것을 확인할 수 있었는가? 라는 질문에는 선뜻 답을 할 수 없습니다. 집중하지 않는 것에는 두뇌가 관심을 주지 않기 때문입니다. 보이는 것만 믿겠다는 고정 관념을 버리면 질문을 만들 수 있습니다. 질문은 다양성을 인정하고 수용하는 소통의 기회를 제공합니다. 소통으로 연결하여 더 많은 질문의 기회가 만들어지며 자신에게는 학습의 동기를 제공하고 성장을 자극할 수 있습니다.

보이지 않는 고릴라 실험 Daniel Simons, Smithsonian Magazine

질문도 성장할 수 있을까요? 질문은 사람의 사고의 깊이와 넓이를 가늠하는 기준입니다. 4차 산업혁명의 시대는 소통, 협업, 집단 지성을 창출하고 불확실한 위기 확률을 줄이기 위해 성장하는 질문을 요구합니다. 질문으로 점검하고 보완하여 개선과 성장을 추구합니다. 신속한 의사결정과 방향 전환도 질문으로 가능해집니다. 질문은 상황에 따라 다르게 성장합니다. 구체적인 아이디어와 논리, 분석, 계획을 다루는 상황에서 꿈이나 몽상, 상상력을 이야기하는 것은 적합하지 않습니다. 창의적 감성이나 직관, 감정을 이야기하는 자리에서 냉혹한 분석과 논리를 강요한다면 생각은 성장할 수 없습니다. 인간의 두뇌는 간단히 좌뇌, 우뇌의 기능으로 구분할 수 있습니다.

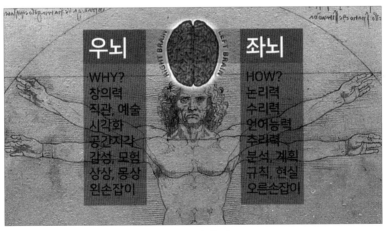

좌뇌와 우뇌의 기능

　좌뇌는 논리, 수리, 언어와 추리, 분석과 계획 등을 다룹니다. 반면 우뇌는 창의력, 직관과 예술, 시각화와 공간 지각, 감정과 상상을 다루어 좌뇌와 우뇌의 기능이 구분됩니다. 따라서 질문도 상황에 따라 좌뇌적 질문, 우뇌적 질문을 구분하여 더 넓고 깊은 질문을 만들 수 있습니다.

소통과 협업, 집단지성이 강조되지만 공감과 합의가 어려운 이유는 한 자리에서 좌뇌적 생각과 우뇌적 생각을 모두 만족하기 위해 질문을 성장시키지 못하고 억압하기 때문입니다. 이런 이유로 협업이나 프로젝트 진행을 위한 미팅에서 좌뇌 미팅과 우뇌 미팅을 구분할 수 있습니다. 우뇌 미팅은 창의 미팅입니다. 다양한 상상과 꿈, 감성을 자극하여 수많은 아이디어를 만드는 자리입니다. 현실의 가능성은 절대 생각하지 않습니다. 생각의 끝도 없이 무한 성장을 시켜야 합니다. 반면 좌뇌 미팅에서는 우뇌 미팅의 결과에 대해 구체적인 실현 방법과 시간, 비용과 현실 가능성을 모두 검토합니다. 애플의 우뇌 창의 미팅, 좌뇌 생산 미팅이 대표적입니다. 디즈니는 3 Room이라 불리는 몽상가의 방, 현실주의자의 방, 비평가의 방을 구성하여 생각의 성장과 확장을 추구합니다. 미래 인재는 좌뇌와 우뇌의 특성을 모두 활용하는 전뇌화 사고방식을 갖추어 처한 상황과 환경에 따라서 생각을 성장시켜야 하는 것입니다.

질문을 하는 가장 쉬운 형태는 5W1H원칙(What, Where, When, Why, Who, How)에 따라 구성할 수 있습니다. 하지만 이제껏 "무엇을 어떻게 해야 하지?" 라는 질문에 모든 초점을 맞추어 온 것은 아닐까요? 4차 산업혁명의 시대에서는 맥락을 파악하여 가치를 찾고 답이 아닌 질문을 만드는 과정, 바로 왜(Why?) 라는 질문에 일차적으로 집중해야 합니다. 질문의 순서도 왜(Why?), 어떻게(How?), 무엇을(What?)의 순서로 목적, 과정, 결과를 생각해야 합니다. 결과와 답을 찾는 방식에서 탈피하여 목적과 본질의 탐구에서 질문을 시작하는 것입니다.

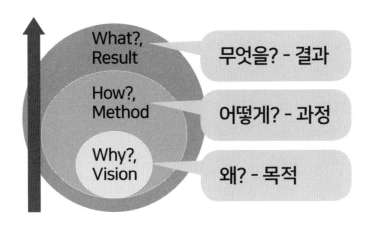

질문의 골든 서클 사이먼 사이넥 수정

왕좌의 게임, 워킹 데드, 지정 생존자, 루시퍼, 슈퍼 내츄럴, 프린지와 같은 미드(미국 드라마)에 매료되어 정주행하는 이유도 본질을 찾고자 하는 왜(Why?)의 심리를 자극하기 때문입니다. 영화 제작자 JJ 에이브럼스는 떡밥이라고 불리는 꼬리에 꼬리를 무는 암시와 반전으로 드라마와 영화에 이르기까지 먼저 결과를 보여주고 과정을 찾아가며 퍼즐 조각을 맞춤으로써 왜? 라는 질문에 답을 하도록 유도합니다. 이를 통해서 시청자들이 단순히 드라마와 영화를 관람하는 수준에서 본질을 찾는 관찰자가 되어 퍼즐 조각을 맞추도록 하는 것입니다. 특히 미드 프린지(FRINGE)에서는 모든 사건이 퍼즐 조각처럼 나열되지만 조각들이 모여 패턴(Pattern)을 만들고 각 패턴이 연결되는 과정에서 드라마의 본질을 관찰할 수 있도록 의도했습니다. 스티브 잡스는 창조란 단지 점들을 연결하는 능력이라고 했습니다. 점을 연결하며 선을 만들고 그 과정에서 본질을 찾고 유사한 패턴과 새로운 경험을 관찰함으로써 새로운 패턴을 예측하는 것입니다. 인공지능과 빅데이터의 시대에 수많은 데이터가 만들어지고 분석되지만 그 과정에서 더 나은 세상을 만든다(Make the better world)라는 본질을 이해하면 더 많은 기회와 가능성이 보이게 됩니다. 현재를 점검하고 미래를 만드는 힘이 되는 것입니다.

JJ 에이브럼스의 드라마 프린지(FRINGE) Amazon.com

연결하면 변화와 기회가 보인다

　현재를 점검하고 미래를 만들기 위해서는 세상의 모든 것이 변한다는 사실과 과거와 현재, 미래는 모두 연결되어 있음을 알아야 합니다. 인류는 태곳적부터 만물이 변화하는 이치를 알고자 거북 등껍질, 소뼈를 태워 점을 쳤습니다. 이후 중국 주나라 시절에 주역이 만들어졌고 이집트, 바빌로니아의 점성술에서 고대 그리스, 로마의 천문학이 싹텄습니다. 변화 속에서 규칙을 찾아 연결한 것입니다. 중국 당 태종이 역사를 거울로 삼으면 세상의 모든 이치를 깨우친다고 했듯이 급격히 변화해온 인류의 과거는 현재를 만들었고 현재는 미래를 위한 징검다리를 만들고 있습니다. 서양 과학의 아버지라 불리는 라이프니치는 이진법의 원리를 주역을 만든 태호 복희의 태극도 64괘에 기초한 것이라고 밝혔습니다. 천지창조의 혼돈을 의미하는 카오스에서 질서와 규칙을 찾는 프랙탈 이론이 탄생했고 브라질의 작은 나비의 날갯짓이 토네이도 발생에 영향을 줄 수 있다는 나비효과를 만들었습니다. 스티븐 호킹 교수는 양자역학은 동양철학을 수학적으로 밝힌 것에 불과하다고 이야기 했습니다.

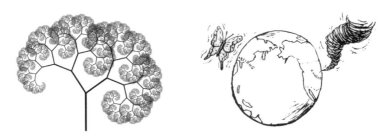

프랙탈 도형, 나비효과(Butterfly Effect) Fractal.com/ Beyond Science

모든 것이 연결되는 초연결, 초지능 시대에 문과, 이과의 구분이 필요할까요? 스티브 잡스는 왜 애플 제품과 디자인에 인문학적 감성을 강조했을까요? 풍부한 소재를 찾아 고심하는 헐리우드의 작가들은 고대 그리스, 로마 신화와 북유럽 신화를 현대적으로 재해석하여 어벤저스 스토리를 만들었습니다. 기생수, 너의 이름은, 늑대 아이 등을 제작한 일본 프로듀서 가와무라 겐키는 이런 점이 궁금했습니다. 그는 학창 시절 수학이 너무 싫어 문과를 선택했습니다. 프로듀서로 큰 성공을 거둔 후 잘 알지 못했던 IT 분야의 거물들을 만나며 그들의 생각에서 공통점을 찾았습니다. 문과, 이과로 구분 하듯 산을 오르는 수많은 경로가 있지만 결국 모든 길은 연결되어 만나게 됩니다. 더 나은 세상을 만든다는 목표는 같지만 자신이 가장 잘 알고 잘할 수 있는 방식으로 표현할 수 있습니다. 길과 길이 만나 새로운 등산로를 만들듯 서로 다른 분야의 지식과 경험이 연결되어 창의와 창조, 새로운 가치를 만들 수 있다는 사실입니다.

한국사, 동양사, 세계사, 과학사, 문학사 등 세상에는 수많은 역사가 존재합니다. 하지만 이제껏 역사를 시험을 치루기 위한 하나의 과목으로 공부했기에 그 속에 담겨있는 맥락을 이해하지 못하고 암기 과목으로 평가를 받았습니다. 역사는 시험 과목도 아니고 거창한 것이 아닙니다. 자신이 살아온 과거는 현재의 거울이며 미래를 만드는 토대입니다. 또한 역사는 과거와 현재의 끊임없는 연결과 지속적인 대화를 의미합니다. 과거의 수많은 원인들과 상호작용이 핵분열처럼 연쇄효과를 일으켜 현재와 미래를 만들기 때문입니다.

학업과 공부, 생활과 삶이 힘들고 무기력하다면 자신의 역사인 과거와 현재를 되돌아보고 점검해야 합니다. 현재와 미래는 바뀔 수 있습니다. 현재 자신을 만든 원인은 과거로부터 해온 익숙함, 관성, 행동과 생각하는 방식에 존재합니다. 불편하고 어렵지만 자신의 역사에 연결하고 관심 있는 주제에 연결하며 세상의 역사에 연결하면 변화의 흐름과 맥락을 읽어낼 수 있습니다. 많은 사람들이 미래를 예측하고자 원하지만 과거와 현재를 올바르게 점검하지 않는다면 미래도 현재의 모습에서 더 낳아질 수 없습니다. 여러분의 미래는 기다리는 것이 아니라 직접 만들어가며 변화의 도전에 당당히 준비하여 맞설 때 더욱 멋지고 아름답고 유쾌할 것입니다.

학업과 공부, 친구 관계, 가족, 성적, 시험 등 하루에도 수많은 실패와 좌절을 경험할 수 있지만 가장 연결하기 싫은 분야 역시 실패입니다. 성공을 원하고 성공한 사람들의 뒤를 쫓지만 정작 실패에는 관심을 두지 않습니다. 실패에 관심을 갖는다는 것이 오히려 시간 낭비이고 쓸모없다고 생각되기도 합니다. 모든 것을 직접 경험할 수는 없지만 페이스북, 유튜브, 인스타그램, 뉴스 플랫폼에 연결만 하면 무수한 연결이 만들어집니다. 무엇인가를 이루려면 열심히 해야 한다고 이야기합니다. 그럼 어떻게 하는 것이 열심히 하는 것일까요? 열심히 했다고 자부했던 사람들이 실패한 이유와 성공한 이유는 무엇일까요? 화려한 성공의 이면에는 수많은 실패 경험과 학습, 새로운 성장과 고통이 녹아있습니다. 지금 힘들고 어렵다면 먼저 경험한 사람들의 이야기에 연결하여 자신을 점검할 수 있습니다.

학생들이 시험을 치르고 나면 서로 모여 채점하기에 바쁩니다. 하지만 채점 이후 틀린 문제를 다시 살펴보며 자신의 약점을 파악하고 이를 극복하기 위한 구체적인 계획과 실천을 하지 않는 것이 문제입니다. 100번의 모의고사를 풀더라도 틀린 문제는 계속해서 틀리는

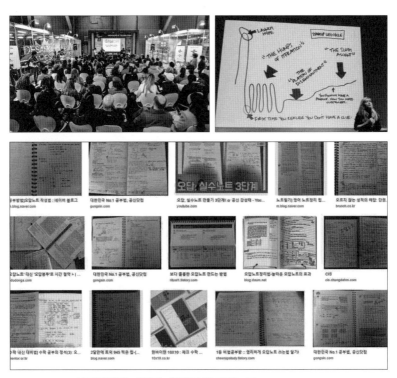

실리콘밸리 페일콘, 학생들의 오답노트　FailCon, Wiki

현상입니다. 수 없이 많은 취업 서류를 제출하고 면접시험을 치르더라도 합격하지 못한다면 자신의 실패에 연결하고 다른 사람들의 성공과 실패에 연결하고 학습을 통해 자신의 약점을 보완해야 합니다. 4차 산업혁명을 이끌고 있는 미국의 실리콘밸리는 자신들의 실패 경험을 기록하고 역사로 만들어 서로 학습하고 성장의 기회로 활용합니다. 학생들이 공부를 하며 오답노트를 만들고 공유하는 것과도 같습니다. 실리콘밸리는 페일콘이라는 실패 컨퍼런스를 진행하여 서로의 실패를 공유하고 이 과정에서 다양한 아이디어를 공유하여 새로운 성장의 계기를 만들고 있으며 실패의 경험을 얻으려 기꺼이 수많은 비용과 시간을 투자합니다. 실패에 연결하여 변화와 기회를 읽고자 하는 것입니다. 지금 애써 실패를 외면해야 할까요?

Secret 3

성장형 마인드셋으로 미래를 열어라

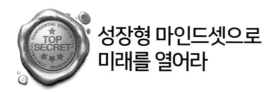

성장형 마인드셋으로 미래를 열어라

기업가 정신이 무엇인가요?

2020년부터 전국의 대학뿐만 아니라 중고등학교 수업 시간에 기업가 정신을 도입한다는 소식이 전해지고 있습니다. 4차 산업혁명이 시작되면서 전 세계는 더 많은 불확실성과 복합 문제에 직면하면서 위험을 무릅쓰고 도전하고 혁신하는 기업가 정신에 대한 관심이 높아졌습니다. 미국과 유럽은 이미 초등, 중학교 교과 과목으로 기업가 정신을 교육합니다. 기업가 정신은 현재와 미래의 불확실성에 대해 위험을 무릅쓰고 변화를 감지하여 기회와 가치를 만드는 마인드와 행동 방식입니다. 자신이 처한 환경을 극복하고 꿈과 목적을 이루려는 신념과 믿음, 그리고 실천하는 자세입니다. 하지만 기업가 정신을 사업을 하거나 스타트업과 같은 창업으로 이해하는 것은 잘못된 생각입니다. 익숙함과 당연함을 벗어나 불편함에서 개선점을 찾아 혁신을 추진하지만 실패해도 그 과정에서 학습하고 새로운 성장의 기회를 만드는 도전 정신이 기업가 정신입니다.

기업가 정신은 도전 정신만을 의미하지 않습니다. 혁신과 몰입, 실패를 통한 학습과 성과를 창출하여 불확실성을 극복하고 복합 문제를 해결하여 더 나은 세상을 만들고자 하는 실천입니다. 청소년에게도 기업가 정신이 요구되는 것은 다양한 변화를 감지하고 유연하게 학습하며 실패에서도 굳건히 일어서며 다양한 사람들과 협력, 소통으로 지속적으로 성장할 수 있는 마인드셋을 갖출 수 있도록 해주기 때문입니다. 어려서부터 기업가 정신을 강조하는 또 다른 이유는 시스템적 사고를 할 수 있기 때문입니다. 시스템적 사고가 무엇일까요? 멋진 경치를 보고 싶다면 멀리 떨어진 높은 곳에서 내려다보아야 합니다. 하지만 숲 속의 꽃 한 송이, 곤충 한 마리를 살펴보고 싶다면 숲 속으로 들어가 직접 관찰해야 합니다. 시스템적 사고는 멀리서 내려다보는 역량과 가까이 접근해서 상세하게 관찰하는 역량을 함께 갖추어 조화를 이룰 수 있도록 합니다. 이렇게 생각하는 방법을 갖춘다면 큰 그림을 그릴 수 있고 큰 그림을 잘게 나눈 여러 블록들을 동시에 살펴볼 수 있습니다.

　포뮬러 원 (Formula one)은 세상에서 가장 빠른 자동차 경주이지만 또 다른 재미는 피트스탑(Pit Stop)으로 불리는 자동차 점검 장면입니다. 경기장 주변에는 각자 맡은 임무를 수행하는 팀원들이 단 1~2초 만에 차량 정비를 수행합니다. 타이어 교체, 주유, 자동차 들어 올리고 내리기 등 수 많은 일들이 서로 유기적으로 연결되어 점검을 마친 차량은 다시 포뮬러 원 경기를 지속합니다. 학생들이 대학 입학을 위해 공부하는 과정도 시스템적 관점을 요구합니다.

포뮬러1 경기의 피트스탑(Pit Stop) vs. 고등학교 공부의 시스템적 사고

내신 성적과 학생부, 비교과, 자소서와 수능, 독서, 봉사활동, 면접과 체력, 멘탈까지 모든 요소들이 유기적으로 조화를 이루어야 대학 진학이라는 큰 목표를 성취할 수 있습니다. 어느 한 부분만 몰입하거나 집중하다가는 다른 부분들이 취약해질 수 있습니다. 시스템적 사고는 이처럼 큰 그림을 그리고 작은 부분들로 나누어 생각하고 실천하며 모든 것이 유기적으로 연결되어 있음을 이해하는 역량입니다. 크고 원대한 꿈도 작게 쪼개어 실행하고 실패하고 그 과정에서 학습하고 개선하여 다시 큰 꿈으로 도달하게 만드는 힘입니다.

기업가 정신의 핵심은 혁신입니다. 혁신은 낡은 가죽을 벗겨내어 그 속에 있는 새로움을 찾는 행동입니다. 양철북을 벗어 던진 오스카의 행동이 혁신이며 곤충과 양서류도 과거의 껍질을 벗어 새롭게 성장하는 탈피를 통해 자신을 혁신합니다. 혁신은 무조건적인 변화와 오래된 것을 버리는 것은 아닙니다. 환골탈태라는 말이 있습니다. 옛사람들의 좋은 글을 인용하거나 모방하고 새로움을 더해 더 나은 작품을 만드는 과정입니다. 혁신도 환골탈태와 같습니다. 불편함과 익숙함을 벗어나 더 좋은 것으로 만드는 과정입니다. 우리 몸은 제2차 성징을 통해 신체적 특성이 급격히 변하며 사춘기를 겪습니다. 성장통을 겪으며 더욱 성숙할 수 있습니다. 혁신도 성장통을 이겨내야 합니다. 소설 [데미안]에서 새는 알을 깨고 나오기 위해 투쟁하며 하나의 세계를 파괴하는 투쟁이 그토록 어렵다고 말했습니다. 드라마 왕좌의 게임을 만든 은네디 오코라포는 극심한 흑인 인종차별로 성장기의 고통을 겪었지만 아프리카에 전승되어온 이야기와 신화에서 영감을 얻어 오히려 미국을 대표하는 작가가 되었습니다. 혁신은 고통과 실패, 좌절과 실망이 함께 동반될 수 있습니다. 누구나 할 수 있고 쉽게 할 수 있다면 이미 혁신의 기회를 잃어버린 것입니다.

기업가 정신이 강조하는 또 하나의 특성은 학습 형태입니다. 이제까지의 학습은 이론과 원리를 배우고 정답이 존재하는 문제에 지식을 적용하는 방식이었습니다. 이를 연역적 학습법이라고 합니다. 하지만 4차 산업혁명 시대는 올바른 정답이 없는 무수한 복합 문제들이 서로 융복합되어 있습니다. 이제는 다양한 현상과 결과에서 맥락을 찾고 질문의 골든 서클을 적용하여 의미와 가치, 본질을 스스로 탐구하는 학습 태도를 요구합니다. 이를 귀납적 학습법이라고 합니다. 이러한 탐구 과정조차도 스스로 꿈꾸고 설계하고 행동해야 하는 시대가 도래한 것입니다.

마인드와 마인드셋

할머니가 날씨가 맑은 날이나 비가 오는 날에도 항상 슬픔에 젖어 눈물을 흘리자 지나가던 스님이 이유를 물었습니다. 할머니에게는 두 아들이 있는데 날씨가 맑으면 우산을 파는 아들이 걱정되어 울고 비가 오면 짚신을 파는 아들 걱정에 눈물을 흘린다는 것이었지요. 이때 스님은 마인드를 바꾸어 맑은 날에는 짚신을 파는 아들의 장사가 잘 될 것이고 비 오는 날에는 우산을 파는 아들의 장사가 잘 될 것이니 무슨 걱정이냐고 하자 그제야 할머니는 눈물을 거두고 일생을 행복한 마음으로 살았습니다. 세계가 놀란 대한민국의 새마을 운동과 한강의 기적도 시작은 "우리도 잘 살아보자"는 마음먹기에서 출발했습니다.

미국 NBA 스타플레이어인 스테판 커리는 자신의 우상으로 마이클 조던을 손꼽습니다. 마이클 조던은 평생 9천 번의 슛을 실패했고 300번이 넘는 경기를 패배했습니다. 실패하고 또 실패했습니다. 하지만 절대 안 된다는 생각을 하지 않았습니다. 절망과 좌절의 공포는 단지 그를 눈멀게 하는 환상일 뿐이었습니다. 할 수 있다는 마음과 열정으로 연습하고 실패하고 또다시 연습함으로써 자신과 소속 팀인 시카고 불스를 최고로 만들었습니다. 영화 "슈퍼맨"의 주인공 크리스토퍼 리브는 인류의 수호신이었지만 현실에서 그는 인류에게 더 많은 영향을 주었습니다. 낙마사고로 신체 마비의 상황에서도 인류에게 꿈과 희망을 선사했던 자신이 절대 삶을 포기할 수 없다는 마음으로 임상실험과 고통을 극복하여 재활에 성공함으로써 또 한 번 인류의 영웅이 되었습니다. 해리포터 시리즈의 작가 조앤 K. 롤링은 싱글맘에 최저 생계비로 연명하는 삶에서 실패란 단지 아무것도 하지 않는 게으름으로 정의하고 더 이상 포기할 것이 없다는 생각으로 자신이 가장 잘할 수 있는 글쓰기로 성공을 이루었습니다. 극단적인 절망의 삶에서 마음먹기에 따라 자신의 환경과 고난을 극복했던 것입니다.

마인드(Mind)란 자신의 가치, 관점, 신념으로 자신과 환경, 삶을 바라보고 생각하는 사고방식이며 생각과 행동을 만드는 두뇌 작용입니다. 과학기술이 발전하면 전뇌화, 브레인 임플란트 기술로 마음을 분석하고 공유할 수 있는 시대가 열릴 수도 있을 것입니다. 마인드를 정신, 멘탈로 표현하기도 합니다. 흔히 멘탈이 붕괴되었다며 멘붕, 무념무상의 현실 자각을 뜻하는 현타가 왔다고 이야기합니다. 모두 마인드가 흔들리고 무너진 것입니다. 해골 물을 먹고 모든 것은 마음먹기에 달렸다는 일체유심조의 사상을 만든 원효대사의 이야기, 정신일도 하사불성, 작심, 마인드 컨트롤, 마음 다스리기 등이 모두 어떻게 마음을 먹느냐에 따라 일과 공부, 현재와 미래가 달라질 수 있음을 이야기 합니다.

머릿속이 복잡합니다. 내일 뭐할까? 실패하면 비난 받을 텐데, 불안한데, 해도 안 되잖아, 나보고 어쩌라고? 등을 말하며 마음에 상처입고 때론 마음에 상처를 줍니다. 반면 어떤 사람들은 도전해보자, 비난? 기꺼이 받아들이고 또 배워보자, 천재? 난 노력하고 성취하는 평범한 사람이다, 실패하겠지만 그 만큼 성공에 더 가까워지겠지 라는 생각을 합니다. 이들에게는 어떠한 차이점이 있는 것일까요? 우리는 세상을 살면서 혁신을 이야기합니다. 혁신에는 뼈를 깎는 고통이 뒤따르지만 그 이유를 알고 실천하고자 합니다. 하지만 그 전에 자신의 마인드를 점검해 보아야 합니다. 신체는 성장하는데 마인드는 성장을 시키지 않는 것은 아닐까요? 아직 알을 깨고 나오지 못한 상태, 플라톤의 동굴 속 그림자만 보고 있는 것은 아닐까요? 잔에 물이 절반뿐이야, 물이 절반이나 남았네? 지금 어떤 마인드로 살아가고 있을까요?

마음을 먹는다는 것을 마인드셋(Mindset)이라고 합니다. 하지만 무언가 마음먹고 계획하고 실천하다 보면 이내 지치고 포기하는 작심삼일을 경험합니다. 그나마 마음을 먹었다면 다행이지만 마음먹기 조차 쉬운 일이 아닙니다. "내 마음 나도 몰라요." 라며 통통 튀는 럭비공 같은 마음을 붙잡기가 어렵습니다. 럭비공은 눈에 보이기라도 하지요. 마인드는 아직 눈으로 컴퓨터로 완벽하게 분석되지 않는다는 점이 문제이기에 마인드셋을 올바르게 했는지 쉽게 알 수가 없습니다. 또 다른 문제점은 한번 마음을 먹어도 그 마음이 굳건하고 일관되게 유지되지 않는다는 사실입니다. 사람의 마음은 긍정의 마인드와 부정의 마인드, 그리고 갈팡질팡하는 혼돈의 마인드로 구성됩니다. 재미있는 부분은 이러한 마인드도 신체가 성장하고 다양하게 영향을 받는다는 사실입니다. 긍정의 마인드가 커지기도 하고 부정의 마인드가 성장하여 모든 마인드를 감쌀 수 있습니다. 심지어 햄릿처럼 갈팡질팡 선택도 못하고 자기 자신의 마인드도 알지 못하는 상태가 지속될 수도 있습니다. 때론 성장하지 않고 그대로 머물기도 합니다.

성장형 마인드셋 vs. 고정형 마인드셋

성장형 마인드셋	고정형 마인드셋
자주 실패해!! 그리고 배워 — 도전하자	도전하기 싫어 — 복잡한 머리
	피드백, 비난에서 배운다	비난이 두려워	내일 뭐할까?
두려워? 안 해봤으니까 — 역량은 개발하는 거야	머리가 나빠. 난 안돼
	노력해보자	노력해도 안 될 거야	실패하면?
성공할까? 모르니까 해봐 — 포기하지 말자. 또 해봐	그냥 포기하자	불안한데…
몰라? 질문 안해? — 실패, 성공에 가까이 갔어	난 패배자, 루저야	해도 안돼잖아.
	다른 사람의 성공도 축하하자	다른 사람이 성공하는 것이 싫어	어떻게 하지?
Plan, Do Monitoring- Feedback- 그리고 반복!! — 실패를 통해 배우는 거야	거봐, 해도 안 되잖아	무엇부터?
	시간이 걸려, 인내해야지	시간만 잡아먹고 힘만 들어	이게 최선??
	평생학습으로 성장하는 거야	평생을 공부하라고??

성장형 마인드셋 vs. 고정형 마인드셋

과거에는 긍정의 마인드를 성장시키고 부정의 마인드를 감소시키는 것이 자신을 성장시키는 최고의 방법이라고 생각했습니다.

하지만 4차 산업혁명의 불확실성 시대에서는 긍정의 마인드, 부정의 마인드, 갈팡질팡의 마인드조차 다양성을 인정하여 모두 융복합할 수 있습니다. 모든 마인드에 연결을 시도하여 맥락을 찾을 수 있습니다. 긍정의 마인드로 성장하고 부정의 마인드로 실패 확률이 높은 요인들을 찾아내어 개선할 수 있습니다. 갈팡질팡하는 마인드는 잠시 거리를 두어 마음이 어떻게 변화하고 움직이는지 관찰하는 것입니다. 고인 물은 썩는다고 합니다. 삶은 개구리 효과처럼 변화를 거부하면 더 큰 위기를 만나게 됩니다. 긍정의 마인드도 성장하지 않는다면 단지 헛된 꿈만 꾸게 됩니다. 부정의 마인드 역시 성장하지 않는다면 자신을 옭아매는 족쇄가 되어 버립니다. 갈팡질팡의 마인드도 성장하지 않는다면 아무것도 결정하지 못하는 아무거나에 마인드로 살아가야 합니다.

마인드는 변화할 수 있고 변화를 이끄는 주체는 바로 자기 자신입니다. 긍정의 마인드를 성장시켜 꿈과 희망, 목표를 향한 동기를 부여하고 습관을 만들어 지속적인 학습으로 자신을 성장시킬 수 있습니다. 부정의 마인드를 성장시켜 위기를 빠르게 인식하고 변화를 감지하여 준비하고 대응할 수 있습니다. 갈팡질팡의 마인드는 억지로 결정하려 하지 말고 다양성과 상상력을 제공하는 창조와 창의의 원천으로 이용하면 되는 것입니다. 이렇게 마인드를 정하는 것을 성장형 마인드셋이라고 합니다. 경계해야하는 것은 성장하기 싫어하는 마인드, 바로 고정형 마인드입니다. 가치, 관점, 신념이 굳어져 절대

녹지 않는 빙산을 만들고 모든 것을 거부하여 자기 자신과 세상에 담을 쌓아 은둔하는 외톨이를 만들게 됩니다. 주변을 항해하는 선박인 친구, 동료, 사회에 부정적 영향을 줄 수 있습니다.

그렇다면 긍정적 생각의 성장형 마인드셋은 언제나 정답일까요? 역시 그렇지 않습니다. 마인드에도 불확실성이 존재합니다. 맹목적인 긍정은 주변의 변화와 위기를 감지할 수 없습니다. 헛된 꿈과 잘못된 노력으로 몸과 마음만 지칠 뿐입니다. 냉혹한 현실을 함께 살펴보며 참담한 실패와 최악의 상황도 동시에 생각해야 합니다. 논리적인 생각과 감성적 생각도 모두 융복합하는 전뇌형 사고방식과 합리적 낙관주의의 마인드셋을 갖추어야 합니다. 긍정 속의 부정, 부정 속의 긍정도 함께 살펴 맥락을 파악하고 모든 것을 연결하여 성장하는 계기를 만들어야 합니다. 무조건 하면 된, 할 수 있다는 외침도 반드시 점검하고 실패를 예상하여 대비해야 하는 것입니다.

성장형 마인드셋의 특징 –
아직! 믿음, 협업, 신뢰, 다양성, 감정, 복원력

중간고사 한 번 실패했다고 인생이 끝날까? 입시에서 학생부 종합 전형의 비율이 70%를 차지하여 내신의 중요성이 더욱 높아졌습니다. 이 때문에 단 한 번의 시험 실수에 내신 등급과 학생부 전형에 성공하기 어렵다며 자퇴까지 생각하는 학생들이 많습니다. 한 번의 실수를 인생의 실패로 생각합니다. 하지만 1년에 중간, 기말 4번, 3년이면 총 12번의 시험 중 단 1번의 실수라고 생각해야 합니다. 1/12를 계산하면 단지 8%를 차지합니다. 오히려 이를 성장의 기회로 표현하면 안 될까요? 완성이 아니라 "아직"이라는 표현은 어떨까요? 성장형 마인드셋의 첫 번째 단계는 "아직!" 입니다. 아직 완성하지 못했지만 완성하려 또다시 도전하고 학습하며 노력하는 모습은 어떨까요? 실패를 완전한 끝이 아니라 열려있는 가능성을 찾는 기회가 남아있음을 표현하는 아직! 으로 이야기하는 것입니다. 아직 더 많은 시간, 더 많은 도전, 더 많은 노력을 할 수 있는 가능성과 기회가 남아있습니다. 이순신 장군은 명량해전에 앞서 선조 임금에게 올린 장계에서 "신에게는 아직 12척의 배가 남아있습니다." 라는 말로 아직

스티브 잡스, 워즈니악의 혁신 성공

스티브 잡스

스티브 워즈니악

iPad, 2010

iPhone, 2007

Pixar, 1986~2006

Apple 1, 1976 Apple 2, 1977 iMac, 1998 iPod, 2001 iTunes, 2003

끝나지 않았음을 표현했습니다. 혁신의 아이콘 애플의 스티브 잡스와 스티브 워즈니악은 최초의 개인용 컴퓨터인 애플과 아이맥, 아이팟과 아이패드, 아이폰 등으로 세상을 변화시켰고 사람들은 그들의 혁신과 새로운 경험에 수많은 찬사를 보내며 열광했습니다. 하지만 그들의 성공을 이끈 원동력은 아직의 힘이었습니다. 최초로 개발한 애플 I은 이내 실패했고 애플 III, 리사 컴퓨터, 넥스트 컴퓨터와 뉴턴 PDA, Cube G4, ITunes Phone도 모두 쓰라린 실패를 경험했지만 아직의 힘을 믿고 다음 번의 혁신을 위해 재도전한 것입니다. 화려한 성공 이야기 뒤에는 남모를 고통과 시련이 있지만 성장형 마인드셋의 아직의 힘을 믿고 따른다면 또다시 도전할 기회를 만들 수 있는 것입니다.

스티브 잡스, 쓰라린 실패의 경험

서울대학교에서 여러 차례 커닝(부정행위) 파문이 있었습니다. 의예과 학생 17명이 집단 커닝으로 낙제했고 약학대 학생들도 집단 커닝이 발각되었고 지난 2015년 윤리 과목 중간고사에서도 학생들이 집단 부정행위가 적발되었습니다. 이로 인해 미국 명문대학이 감독 없이 양심껏 시험을 치르는 아너 코드(Honor Code)가 서울대에 도입되었습니다. 인천 제물포고는 63년째 무감독 시험을 추진하고 있습니다. 학생들은 "양심의 1점은 부정의 100점보다 명예롭다"고 선서합니다. 무감독 시험이 가능한 것은 교사와 학생 간 믿음과 신뢰가 형성되었기 때문입니다. 학생들은 어려운 시험에 낙담하지만 양심과 명예, 전통을 지켰다는 자부심과 자신과 친구, 선생님과 학교에 대한 믿음을 지켰다는 신념, 유혹을 이겨내는 정신력과 할 수 있다는 자신감을 자랑스러워합니다. 이를 통해 학생들은 자신감, 정신력, 신념에 기반을 둔 믿음으로 성장형 마인드셋을 강화할 수 있습니다. 스티브 잡스는 스탠퍼드 졸업 연설에서 무언가를 굳게 믿어야 한다고 말했습니다. 무언가는 배짱이나 운명, 삶과 숙명이 될 수 있습니다. 이러한 마음가짐이 스티브 잡스를 일으켜 세웠고 삶의 방점이 되었습니다. 성장형 마인드셋은 믿음을 강조합니다. 자신을 믿음으로써 자신감, 정신력, 신념과 행동이 성장할 수 있는 것입니다.

스티븐 코비 박사는 성공하는 사람들을 관찰하여 7가지 습관을 정의했습니다. 자신의 삶을 주도하기, 끝을 생각하고 시작하기, 소중한 것 먼저 하기, Win-Win을 생각하기, 먼저 이해하고 다음에 이해시키기, 시너지 만들기, 끊임없이 혁신하기 입니다. 그가 제시하는 방법들은 4차 산업혁명 시대에서도 여전히 유효하며 성장형 마인드셋을 형성하는 핵심 요소가 됩니다. 21세기는 창의력과 상상력이 중요한 창조의 시대라고 이야기하지만 세상에 없던 것을 만들어내는 창조보다는 과거와 현재, 인문과 기술, 예술과 문화가 서로 연결되어 새로운 가치를 만드는 융복합 창조가 더욱 중요합니다. 불확실성이 높아지고 빠르게 변화하는 시대에 과학기술의 발전과 초연결 속도에 비례하여 창조를 기다리는 시간조차 짧아졌기 때문입니다. 이러한 시대적 상황에서 Win-Win을 생각하고 시너지를 창출하는 역량이 바로 성장형 마인드셋의 협업입니다.

협업이란 공동의 목표를 위해 서로 다른 사람과 조직이 연결되어 Win-Win을 생각하고 집단 지성의 힘으로 시너지를 창출하는 새로운 형태의 일하는 방식이며 학습하는 방법입니다. 뮤지션과 과학자가 만나 공연을 하듯 콜라보레이션을 의미합니다. 4차 산업혁명과 디지털 과학기술을 이끄는 빅데이터, 인공지능, 사물인터넷, 블록체인, 자율주행차 등의 기술들은 모두 협업의 결과입니다. 똑똑한 한 명의 천재보다는 다양한 분야의 전문가들이 집단의 힘, 집단 지성으로 성장형 마인드셋의 협업으로 융복합 창조를 이룩한 것입니다. 애플의 혁신은 무(無)에서 유(有)를 창조한 것이 아니라 이미 존재하던 수많은 점(dot)을 연결하여 선(line)을 만들고 새로운 가치와 경험을 부여한 협업과 융복합의 결과물입니다. 스마트폰을 구동하는 구글의 안드로이드도 협업을 토대로 오픈 소스로 전 세계의 수많은 개발자들의 협업으로 만들어졌습니다.

성장형 마인드셋의 협업은 열린 마음(Open-Minded)의 융복합적 사고방식입니다. 친구, 팀, 조직 내부의 작고 닫힌 협업에서 벗어나 전 세계의 누구와도 협업할 수 있습니다. 자신의 전문 분야 이외에도 다양한 분야에서 의견과 아이디어를 녹이고 섞어 새로운 가치를 만들어내는 다양성을 존중합니다. 틀린 것이 아니라 다름을 인정합니다. 열린 마음의 융복합적 사고방식은 메디치 효과로 말할 수 있습니다. 르네상스 시대 메디치 가문은 은행업으로 성공하여 막대한 부를 창출하며 미켈란젤로, 레오나르도 다빈치, 보티첼리, 갈릴레오 갈릴레이, 마키아벨리 등 수 많은 예술가와 문인, 음악가, 과학자들을 후원했습니다. 이러한 후원과 교류로 각 분야의 전문가들의 역량이 개발되고 융복합하여 시너지를 만들고 르네상스 시대를 열었습니다. 메디치 효과는 서로 관련이 없는 것 같은 다양한 분야가 서로 융합하고 복합하여 새로운 가치와 시너지를 창출할 수 있다는 효과입니다. 4차 산업혁명 시대의 융복합적 사고도 결국 같은 맥락이며 이를 통해 창조적 협업, 집단 지성 창출, 융복합적 창조가 가능한 것입니다. 실리콘밸리 기업들이 일하는 방식인 해커톤 역시 열린 마음의 융복합적 사고로 짧은 시간에 다양한 분야의 사람들이 모여 공동의 목표를 달성합니다.

글을 읽거나 친구들과의 소통에서 혹은 다양한 사회 현상, 문화, 과학 기술 등을 접할 때 행간을 읽고 숨겨진 의미를 찾는 맥락 지능이 요구됩니다. 맥락 지능은 서로 다른 의미의 맥락을 넘나들며 상황을 읽어내고 융복합하여 숨겨진 의미와 가치를 찾는 입체적으로 생각하는 역량입니다. 큰 숲과 숲 속의 작은 벌레를 동시에 보며 다양성을 인정하는 시스템적 사고방식 입니다. 다수결의 원칙은 항상 올바른 선택이 가능할까요? 빅데이터와 인공지능은 언제나 신뢰할 수 있을까요? 협업은 항상 창의적 결과물을 만들까요? 위키피디어와 블로그, 카페, 오픈 커뮤니티와 오픈소스, 온라인 뉴스 플랫폼, 소셜 미디어의 각종 추천, 후기 등도 맥락을 파악하고 장점과 단점, 사실과 거짓을 판단해야 합니다. 성장형 마인드셋은 열린 마음의 협업으로 융복합 사고를 요구하지만 수많은 정보와 가치를 파악하는 맥락 지능과 비판적 사고를 동시에 요구합니다.

맥락 지능과 비판적 사고, 열린 마음의 융복합적 사고를 갖추었더라도 협업의 기본은 믿음과 소통입니다. 동아리에서 친구와 동료를 믿지 못한다면 원하는 동아리 활동을 얻을 수 없겠지요. 모둠 활동과 프로젝트 기반 수업에서도 믿음과 신뢰가 없다면 소통이 단절되고 결국 서로간에 보이지 않는 장벽과 불신을 만들어 협업 자체가 불가능해집니다. 하지만 무조건적인 믿음은 끔찍한 결과를 만들 수 있습니다. 컴퓨터 게임 레밍즈(Lemmings)를 해본 경험이 있나요? 작은 나그네 쥐 레밍은 무리를 지어 살고 선두의 레밍을 따라 언제나 맹목적으로 이동합니다. 이들은 단결과 협업의 끝판왕입니다. 강이나 절벽 같은 장애물에도 아랑곳 않고 오직 전진합니다. 컴퓨터 게임에서는 이러한 레밍들이 안전하게 미로와 장애물을 탈출하도록 길 안내를 해야 합니다. 선두 레밍을 따라 믿음으로 전진하지만 소통이 없고 다름을 인정하는 다양성이 없기에 결국 집단 자살에 이르게 됩니다. 이를 레밍 신드롬이라고 하지요. 수많은 인종으로 구성된 프랑스는 생각하고 행동하는 자유, 타인의 의견과 생각을 존중하는 자세인 똘레랑스 의식이 생각과 행동 가치를 만들었습니다. 자유, 평등, 박애를 상징하는 프랑스 국기도 똘레랑스의 표현입니다.

레밍즈, 레밍즈 PC 게임, 레밍즈 신드롬 Wikipedia, MorningMail.com

과학 기술과 의료 기술이 앞섰던 유럽 백인들은 흑인과 동양인에 비하여 세균 등 질병에 대한 면역력을 높였습니다. 하지만 아프리카를 식민지화 하면서 면역력이 없던 흑인들이 수많은 세균과 질병에 그대로 노출되어 죽게 되었습니다. 백인들은 이에 대해 흑인은 미개하고 유전적, 생물학적으로 미개한 존재로 인식하여 그들을 학대하고 차별했던 것입니다. 다름을 인정하고 다양성을 존중하는 마음가짐이 성장형 마인드셋 입니다.

항상 마인드를 성장시키면 좋겠지만 두뇌 속의 마인드는 종잡을 수 없습니다. 두뇌를 지배하는 다양한 감정들이 마인드의 성장을 방해하거나 마인드를 완전히 변화시킬 수 있기 때문입니다. 마인드가 변해서 생각과 행동도 바뀌게 됩니다. 수업시간에 혹은 재미로 머릿속에 어떠한 생각이 존재하는지, 어떠한 감정이 자리 잡는지를 그려보았을 것입니다. 픽사의 애니메이션 인사이드 아웃에서는 주인공 라일리의 머리에 감정을 조정하는 감정 컨트롤 본부와 다섯 감정인 기쁨이, 슬픔이, 까칠이, 소심이, 버럭이가 살고 있습니다. 익숙하지 못한 환경에 처했던 어느 날 슬픔이가 핵심 기억장치를 잘못 건드렸습니다. 핵심 기억장치는 가치, 관점, 신념과 기쁨, 슬픔의 감정을 기억하는 메모리입니다. 이 때문에 기쁨이와 슬픔이가 감정 컨트롤 본부의 통제를 벗어나 머릿속에는 까칠이와 소심이, 버럭이만 남게 되어 감정의 소용돌이에 휘말리게 되었던 것입니다.

4차 산업혁명 시대는 불확실성과 변화, 융복합과 초연결의 시대입니다. 수많은 연결과 관계가 맺어지는 과정에서 감정과 기억의 상처를 받을 수 있습니다. 하지만 그때마다 감정을 올바르게 컨트롤 하지 못한다면 학습과 성장, 소통과 협업, 공동의 목표 달성에 심각한 지장을 초래할 수 있습니다. 감정을 억지로 숨길 필요는 없지만 적절하게 조절하고 표현하는 역량이 필요합니다. 그런데 사람은 나이가 들면서 머리가 굳어진다고 하거나 혹은 천성은 변하지 않는다고 단정 짓습니다.

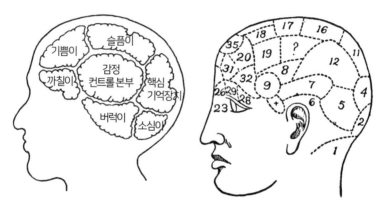

두뇌 구조 그리기, 인사이드 아웃의 감정 컨트롤 본부와 5가지 감정 USF.EDU

과연 그럴까요? 두뇌 과학이 발달하면서 인간의 뇌가 말랑말랑한 찰흙이나 플라스틱처럼 변형이 가능한 가소성을 갖는다는 사실이 밝혀졌습니다. 이를 뇌의 가소성 혹은 뇌신경 가소성 이라고 합니다. 두뇌의 특정 영역에 반복적인 자극을 주면 뇌의 시냅스 연결

구조가 변화하고 이는 습관과 반복된 훈련으로 강화될 수 있다는 사실입니다. 뇌를 훈련시킴으로써 감정 컨트롤 본부의 기쁨이, 슬픔이, 버럭이, 까칠이, 소심이도 훈련시켜 긍정의 감정으로 강화시킬 수 있습니다. 나이가 들면 뇌세포가 죽어 점차 감소한다는 말도 잘못된 사실이지요. 나이를 먹어 변화하고 혁신하기 어렵다는 말도 이제는 거짓이 된 것입니다.

마인드 컨트롤, 마음 다스리기, 마음과 대화하기, 마음 치료 등 상처받고 부정적인 감정을 다스리고 치유하여 신속하게 회복하는 역량도 청소년과 현대인들에게 요구되는 미래 역량입니다. 사람마다 감정을 받아들이는 용량의 차이가 발생하며 이를 감정 용량이라고 합니다. 감정 용량이 작다면 쉽게 감정에 영향을 받고 좌절하며 회복에 오랜 시간과 노력이 필요합니다. 수많은 복합 문제와 다양한 어려움으로 자신의 감정 용량을 초과하게 될 때에는 물러섬과 휴식이 필요합니다. 감정에 직접적으로 다가설 때 보이지 않던 부분들이 한 걸음 물러서고 잠시 멈춤으로써 새롭게 볼 수 있습니다. 성장형 마인드셋을 갖추는 마지막 요소는 용수철 같은 탄력성 즉, 마음의 근육인 복원력입니다. 7전 8기라는 말처럼 회피할 수 없는 변화의 흐름을 읽고 반복된 고난과 실패를 딛고 자신을 추스르고 다시 일어나 실패의 원인을 분석하고 학습하여 또다른 성장으로 나아가는 강인한 정신력입니다.

성장형 마인드셋을 갖추면 미래가 열리나요? - 역량 만들기

기업가 정신과 성장형 마인드셋을 갖추어 아직의 힘!, 믿음, 협업, 신뢰, 다양성, 감정 컨트롤, 회복하는 복원력을 갖춘다면 행복하고 꿈에 그리던 멋진 삶을 만들 수 있을까요? 친구들과의 모둠 수업이나 프로젝트 활동, 동아리에서도 소통과 협업을 이야기합니다. 세상은 초연결로 집단 지성의 힘을 이용한다고 하는데 왜 서로 다른 인생을 살고 행복과 성취감, 꿈의 차이가 있을까요? 학생들은 항상 학업과 성적, 진학, 진로를 고민하고 어른들은 더욱 세상 살기가 어렵다고 할까요? 갑자기 학업 성적이 오르는 친구의 비결은 무엇일까요? 미국과 중국, 일본이 4차 산업혁명의 과학기술을 선도하고 세계 경제를 움켜쥐는 이유는 무엇일까요? 평생 학습으로 미래를 대비하라는 의미는 무엇일까요? 왜 어떤 사람은 부자가 되고 다른 사람은 가난하게 살까요? 이들은 모두 성장형 마인드셋과 기업가 정신이 없기 때문일까요?

드라마 아스달 연대기는 고대 상고사를 다루며 씨족 사회에서 왕권과 국가가 성립되는 과정을 그렸습니다. 힘과 권력을 가진 타곤과 와한족의 은섬, 타곤의 아들 사야가 생존과 번영, 미래를 위해 경쟁하고 투쟁합니다. 중국 역사에서 요, 순 시대를 이상적인 평화의 시대라고 이야기합니다. 왕위를 자식이 아닌 덕을 가진 사람에게 넘기는 선양을 했기 때문입니다. 하지만 이후 중국의 역사는 힘과 권력, 하늘의 뜻을 얻은 수많은 영웅호걸의 투쟁의 무대였습니다. 고구려

광개토태왕비문에는 추모왕이 나라를 세웠는데 그는 북부여에서 왔고 천제의 아들이며 어머니는 하백의 따님이라는 말로 고구려가 하늘의 아들이라는 천자 의식과 그들의 역량을 보여주었습니다. 구글, 페이스북, 아마존, 우버, 테슬라는 우수한 과학 기술과 플랫폼으로 4차 산업혁명을 선도하며 경쟁자들을 물리칩니다. 인류의 역사에서 경쟁은 피할 수 없었습니다. 조조는 언제나 손자병법을 가까이했습니다. 인천 상륙작전을 이끈 맥아더, 경영학의 아버지 피터 드러커, 윈도우를 만든 빌게이츠도 손자병법을 극찬합니다. 바로 경쟁에서 이기는 힘, 역량을 설명하고 있기 때문입니다. 현재의 협업과 혁신도 공동의 목표를 향한 새로운 경쟁 방법입니다. 경쟁 없는 사회란 현실적으로 불가능하며 외면한다고 피해지지 않습니다. 이때 필요한 힘이 바로 역량입니다.

광개토태왕비와 탁본 Wikipedia, 조선일보 DB

역량은 자신이 가지고 있는 실력, 능력이며 다른 사람들과의 비교에서 차이점을 만들고 역량의 차이는 성과와 결과물로 평가 받습니다. 두 명의 학생이 수능 시험 국어 과목에서 각각 97점, 91점으로 1등급을 획득했다면 두 학생 모두 국어 역량이 우수하다고 할 수 있습니다. 하지만 두 학생을 굳이 점수로 구분해야 한다면 97점을 받은 학생이 91점을 받은 학생보다 우수한 역량을 가졌다고 이야기 할 수 있습니다. 체육 시간에 줄넘기 쌩쌩이를 전혀 못하는 학생, 쌩쌩이를 10번하고 줄에 걸리는 학생, 쉼 없이 쌩쌩이를 지속하는 학생도 쌩쌩이에 측정 분야에서 역량의 차이가 난다고 이야기할 수 있는 것입니다. 수행평가에서 발표를 잘하는 학생과 친구들 앞에서 이야기하는 것에 두려움을 느끼는 학생 사이에는 발표 역량 차이가 발생하는 것입니다. 과거에는 겉으로 드러나는 학력, 스펙, 자격증이나 전문 지식과 같은 하드 스킬이 중요했지만 변화와 불확실성으로 초연결, 초지능이 만들어지는 시대에서는 사회성, 대인 관계, 협업과 소통, 의사결정 능력, 복합 문제해결 능력 등 눈에 보이지 않는 역량인 소프트 스킬의 중요성이 강조되고 있습니다. 미래 역량들도 대부분 소프트 스킬에 기반하고 있습니다.

우리 반 1등은 왜 공부를 잘할까요? 내신 1등급, 수능 1등급을 받는 학생들은 남모르는 비법이 있을까요? 부자들의 비법은요? 성공한 사람들은 어떤 비결을 알고 있을까요? 왜 기회와 행운은 다른 사람들에게만 오는 것 같을까요? 열심히 생생하게 꿈을 꾸지만 왜 힘만 들고 과거와 현재가 매번 같을까요? 결국은 역량과 성과의 차이입니다. 공부를 잘 못한다면 학업 역량이 부족한 것이고 발표를 잘 못한다면 소통, 커뮤니케이션 역량이 필요합니다. 시대가 요구하는 미래 역량을 찾아 점검하고 학습하는 것처럼 자신의 부족한 역량을 찾고 원인과 해결책을 계획하고 실천하여 강화해야 하는 것입니다.

꿈이 없는 사람보다는 꿈이 있는 사람은 인생의 목적과 삶의 가치를 찾을 수 있습니다. 하지만 꿈만 꾼다고 꿈이 이루어지지 않습니다. 헛된 개꿈이 되는 것이지요. 꿈을 꾸고 노력하지만 무모한 노력과 헛된 꿈은 몸과 마음이 힘만 들고 결국은 자극적인 힐링만 추구합니다. 꿈을 이룰 계획과 노력을 하지만 너무 큰 꿈과 계획은 커다란 실패에서 일어나지 못하고 좌절합니다. 학생이 공부 역량을 높이려면 좋은 성적을 얻는다는 꿈과 꿈을 실천할 계획, 계획을 작게 쪼개어 주간 계획, 일일 계획 등으로 실천해보고 반복하여 습관을 만들어 실행해보고 점검하고 개선하는 과정을 거쳐야 합니다. 공부를 하며 문제지를 풀고 모의고사를 보는 것도 꿈을 달성하기 위한 계획을 실행한 내용과 과정을 점검하고 평가하여 약점을 찾고 보완하는 과정입니다. 이 과정에서 강점은 더욱 강화시키고 약점을 찾아 강점으로 만들 수 있도록 계획, 실천, 점검과 보완을 해야 하는 것입니다.

성적이 우수한 학생들에게 비법을 물어보면 "그냥 열심히 했어"라고 답합니다. 성공한 사람들에게 질문하면 수많은 실패를 통해 자신의 강점을 찾고 기회를 만들고 가치를 창조했다고 말합니다. 결국 자신과 환경, 처한 현실과 시대가 요구하는 역량을 갖추었기 때문입니다. 성적과 지능지수는 관련이 적다는 수 많은 연구결과가 발표되었으며 성공하는 사람들의 비결도 결국 역량과 실패를 통한 학습으로 모아집니다. 역량은 타고나는 것일까요? 절대로 그렇지 않습니다. 역량은 학습과 실천, 노력과 좌절이 융복합하는 후천적인 힘입니다. 타고난 재능도 역량에 도움을 줄 수 있지만 학습과 노력에 집단 지성의 힘과 인공지능, 빅데이터, 로봇과 사물 인터넷 등 과학 기술의 힘은 이미 천재의 역량을 넘어 높은 성과를 만들어 내고 있습니다.

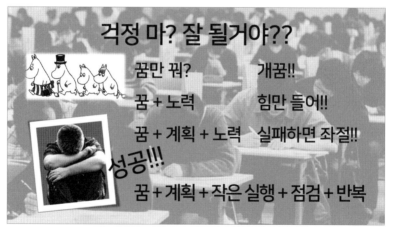

역량을 강화하는 방법 – 꿈, 계획, 작은 실행, 점검 그리고 반복

성장형 마인드셋의 주인은 바로 나 - 자아개념 만들기 (자신감, 자부심, 자긍심, 자기 효능감, 자기 진정성)

기업가 정신, 성장형 마인드셋, 미래 역량 갖추기, 효율적 학습과 공부를 위한 메타 인지 등은 모두 한 곳으로 모입니다. 바로 자기 자신이지요. 역량 개발도 자신을 올바르게 파악하지 못한다면 헛된 꿈이 됩니다. 자신을 어떻게 생각하는가? 자신에게 가지는 가치, 관념, 생각과 태도를 자아개념이라고 합니다. 나는 어떤 사람이고 어떠한 생각과 역량을 갖고 어떻게 생각하는지를 아는 것입니다. 지피지기 백전백승, 수신제가 치국평천하, 너 자신을 알라 등도 모두 같은 뜻이라고 할 수 있습니다. 메타인지 학습법도 자신이 아는 것과 모르는 것, 잘하는 것과 잘하지 못하는 것을 파악하는 것에서 시작합니다. 시험 과목과 범위를 모른다면 시험에서 우수한 성과를 거두기 어렵습니다. 급격하게 변화하고 불확실성과 초연결, 초지능이 융복합되는 세상에서 자기 자신을 모른다면 정체성을 잃고 변화의 흐름 속에서 길을 잃게 됩니다. 자아개념은 자신감, 자부심, 자긍심, 자기 효능감, 자기 진정성이 서로 유기적으로 조화를 이루어 만들어집니다.

자신감

자신감은 할 수 있다는 믿음과 용기입니다. 삼성전자는 지난 2019년 2월 뉴욕 타임스퀘어, 로마 두오모 광장, 마드리드 까야오 광장 등 전 세계를 대상으로 "미래를 펼치다" 한글 광고를 실시하며 폴더블

폰에 대한 자신감과 한국의 기술, 한글의 우수성을 표현했습니다.

삼성전자 미래를 펼치다 옥외 광고 삼성전자

혁신을 주도한다는 자부심과 미래를 선도한다는 비전을 강조한 것입니다. 과거에는 겸손의 미덕을 높이 평가했지만 이제는 자기 자신을 표현하는 시대입니다. 용기와 실력을 갖추면 자신감이 되고 그릇된 용기는 만용이 되어 거짓 자신감을 만들게 됩니다. 사람은 자신 있고 여유가 있을 때 웃을 수 있습니다. 타인의 비난과 공격이 두렵거나 소심해지면 표정이 굳어집니다. 굳게 다문 입과 굳은 얼굴은 자신을 표현하기 어렵습니다. 4차 산업혁명 시대는 겸손과 근거 없는 자신감이 아닌 실력과 용기를 갖춘 부드러움이 자신감으로 해석되는 시대입니다. 자신감이 높은 사람들은 확신을 가지고 이야기합니다. 성과가 작더라도 자신에게 동기를 부여하고 도전하고 작은 승리 경험을 누적합니다. 미래를 위한 도전 의지를 키웁니다. 억지로 타인의 관심을 구하지 않고 자신이 높은 관심을 받으면 타인의 도움으로 돌립니다. 또한 타인을 억지로 평가하려 하지 않고 다름을 인정합니다. 고난과 역경 속에서도 내면의 행복을 끌어냅니다. 소통을 위해 경청하며 타인의 성공을 진심으로 축하하고 언제라도 기꺼이 실패하려 합니다. 부정적인 피드백에도 귀를 열고 자신의 약점과 단점을 극복하고 개선합니다. 자칫 자신감이 교만과 자기중심적인 생각으로 빠질 수 있기 때문입니다. 자신감의 원천은 학습과 노력, 계획과 실행, 자신과 타인의 피드백 점검과 개선, 혁신이 수반되어야 합니다. 세상에 공짜는 없으니까요.

자부심

자부심은 자기를 가치 있는 뿌듯한 존재로 인식하는 마음가짐으로 자기 자신에 대한 긍지와 책임감의 표현입니다. 자신감은 자기를 인정하고 목표를 이루려는 실천적 에너지인 반면에 자부심은 자신을 존중하는 내면의 에너지입니다. 그래서 불확실한 상황에서 자신감에 상처를 입더라도 자신을 존중하는 자부심으로 자신을 치유하고 극복하여 일어서는 것입니다. 자신감은 성공을 만들고 자부심은 자신을 위대하게 합니다. 하면 된다는 자신감으로 일과 학업에 노력하고 세상에 선한 긍정적 영향을 준다는 자부심으로 어려움을 이기는 것이 진정한 성공으로 향하는 길입니다. 미국 시카고의 호손 지역에 위치한 웨스턴 일렉트릭사는 공장의 조명을 밝게 하면 효율이 높을 것이라는 가정을 실험했습니다. 예상대로 불량이 줄고 더 많은 전구를 생산하게 되었지요. 그런데 이상하게도 조명을 어둡게 줄여도 불량이나 전구의 생산성이 떨어지지 않았습니다. 실험에 참여한 사람들은 자신들이 유능하고 인정을 받는다는 자부심 때문에 어떠한 환경에서도 서로 돕고 성취한다는 강한 동기를 갖게 된 것입니다. 인정받는다는 생각이 마음과 행동을 움직였지요. 이를 호손 실험이라고 하며 자부심의 대표적 사례로 알려졌습니다. 학생들이 학급의 대표에 선출되거나 동아리에서 어떠한 책임을 맡을 때 느끼는 감정이 바로 자부심이며 그에 따라 긍지와 책임감이 생기는 것입니다.

학업, 학습을 진행할 때 자주 접하는 말이 자기주도 학습입니다. 학교에서 수업, 인강, 참고서, 자습서로 공부하기도 어려운데 자기 자신이 주도적으로 학습을 해야 한다니 이 말을 들을 때마다 가슴이 답답해집니다. 공부와 학습도 싫증나고 힘이 듭니다. 이때 가장 먼저 생각해야 하는 것이 자부심입니다. 어떠한 생각과 행동이 자신을 소중하고 가치 있게 만드는 것인가를 판단하는 것입니다. 억지로 자신을 통제하거나 옭아맬 필요도 없습니다. 학업과 학습이 자신의 가치를 높이고 소중하게 하는 것이라 생각하는 판단이 내려져야 하는 것입니다. 판단과 행동의 주체는 바로 자기 자신이기 때문입니다.

자긍심

자부심이 강화되면 자신이 속한 학교, 동아리, 집단, 커뮤니티 등에서 우수함과 탁월함을 지키고 스스로 존중하는 마음이 만들어

집니다. 학급, 동아리를 위해서 혹은 학교를 대표해서 특정 생각이나 활동을 할 때 느끼는 감정과 행동이지요. 이를 자긍심이라고 합니다. 자기 자신의 범위인 자부심과 긍지가 자신이 속한 집단으로 확대된 것이 자긍심입니다. 세종대왕이 창제한 한글은 서양보다 5세기나 앞서 음운 체계를 정립한 과학적 언어이고 금속 활자 기술로 인쇄된 직지는 구텐베르크의 성경보다도 78년이나 앞섰습니다. 우리나라의 드라마, K-POP이 인기를 끌고 방탄소년단이 전 세계 사람들에게 사랑을 받은 것에도 자긍심을 느낄 수 있습니다.

자기 효능감

성공하는 사람, 공부를 잘하는 학생들은 또 다른 자아개념으로 자기 효능감을 갖고 있습니다. 어렵고 복잡한 문제, 낯설고 불확실한 상황에서도 "나는 잘 할 수 있어, 모르면 배우면 되는 거야. 나는 날 믿어" 라며 자신의 능력과 효율성, 의지와 실행 능력을 굳건하게 믿는 긍정의 마인드를 보유했습니다. 시련과 고난에서도 멘탈이 붕괴되지 않고 다양한 변화를 인식하고 유연하게 대처하려 노력합니다. 자신의 마인드와 능력을 믿기 때문입니다. 자기 효능감은 성장형 마인드셋을 만드는 합리적 낙관주의에서 시작됩니다. 가혹한 현실과 고난, 다양한 복합 문제에 언제라도 실패할 수 있지만 학습과 노력으로 점검하고 개선하여 조금씩 그리고 꾸준하게 목표를 향해 나아갑니다.

시대가 변하고 초지능, 초연결 사회가 되면서 사람들은 점차 자기 효능감을 상실합니다. 굳건하게 믿는 신념과 기대감이 실망과 좌절이 되어 자신과 자신의 실력, 역량에 가치를 부여하지 않습니다. 자신을 쓸모 없고 효용성이 없다고 인식하여 자꾸 세상과의 연결을 끊으려 합니다. 이런 마음가짐과 행동이 쌓여서 현재와 미래를 바꾸게 됩니다. 나쁜 상황과 결과가 자꾸 꼬리에 꼬리를 물고 이어집니다. 자기 효능감을 다시 회복하고 강화시키는 방법은 없을까요? 자기 효능감은 다양한 방법으로 강화되거나 약화될 수 있습니다. 학습과 실천으로 강화될 수 있는 역량입니다. 특히 과거의 성공 경험, 관찰과 대리 경험, 설득, 정신적 각성 등이 자기 효능감을 강화시키는 요소들입니다. 또한 자신의 신념과 기대감의 크기에 따라서 자기 효능감의 크기도 커지거나 작아질 수 있습니다.

부모님이 잡아주지 않았음에도 비틀거리며 자전거를 타던 기억이 있나요? 학교 시험에서 100점을 받았던 기억, 칭찬 받았던 기억, 기대했던 시험에 합격했던 기억 등 과거의 작은 성과들은 자기 효능감을 강화합니다. 자전거를 타기 위해 세발자전거부터 자전거 보조 바퀴, 뒤에서 잡아 주기 등의 단계를 거쳤습니다. 수 없이 넘어지기도 하구요. 그러다 언제부턴가 자전거 핸들을 한 손으로 잡고 멋을 부리는 자신을 발견합니다. 구구단을 힘들게 암기하고 칭찬받았던 기억이 있겠지요. 모두들 수 없이 많은 노력들을 했었습니다. 이젠 익숙하니 과거의 노력과 실패, 성공의 성과가 작게 보이는 것입니다. 자기 효능감이 떨어질 때마다 이처럼 자신의 성공 경험과 실패

징검다리 Wikipedia, VisitSurrey.com

경험을 떠올리며 마음과 행동의 근육을 강화시키는 것입니다. 뱃살이 빠지지 않는다고 고민하는 것보다는 윗몸 일으키기, 식단 조절 등을 해야겠지요? 너무나 큰 목표를 세워 며칠 못하다가 좌절하고 실패합니다. 징검다리를 생각해 보세요. 처음부터 완벽하게 강을 건너는 것이 아니라 작은 징검다리를 하나씩 놓아 조금씩 이동하는 것입니다. 징검다리가 단단하고 안전한지 두드려 보며 다시 만들어 가는 것이지요. 이 과정에서 아주 작은 성공과 실패를 반복해야 합니다. 작은 성공은 할 수 있다는 긍지와 기대감을 높이고 작은 실패는 훌훌 털고 일어설 수 있게 합니다.

블로그나 페북, 인스타를 하는 여러 이유가 있습니다. 학생들은 공부 기록을 남기려 스터디 타이머와 플래너에 기록하고 #공스타그램 해시태그를 붙이며 기록하고 저장합니다. 인간의 두뇌는 많은 것을 기억하지만 한편으로는 망각의 프로세스를 가지고 있어 기억의 일부를 잃어버립니다. 때론 땀 흘리고 노력한 과정도 모두 잊고 결과만 기억하기도 합니다. 어떻게 이겨내고 극복했는지 실패한 그 당시에 어떤 마음으로 어떻게 자신을 추슬렀는지 기억나지 않는 경우가 많습니다. 여행을 다녀오면 모든 것을 기억하지 못해도 수많은 사진을 보면 사진들이 징검다리가 되어 기억을 다시 만들어 줍니다. 이때 사진은 추억과 기억을 영원히 저장하고 찾아보는 도구가 됩니다. 맞습니다. 성공하고 실패하는 작은 과정과 그 결과도 기록하고 자주 살펴보면 자기 효능감을 강화할 수 있습니다. 스마트폰이나 플래너, 페북이나 인스타에 이런 기억들을 남겨두는 것이지요. 남들에게 공개할 필요도 없습니다. 성공의 추억과 실패의 기억을 되살려 두뇌와 마음을 믿음과 가치가 살아나도록 깨워주는 것입니다.

입시를 앞둔 학생들이 학생부의 자소서 작성에 어려움을 겪습니다. 취업을 준비하는 졸업생들 역시 회사들이 요구하는 자소서, 이력서 작성에 진땀을 흘립니다. 아침부터 저녁 늦게까지 학교와 학원, 독서실에서 학업을 위해 비슷한 생활을 하는데 어떻게 자신만의 스토리로 자소서를 작성할 수 있을까요? 항상 시간이 없다고 해도 안 된다고 탓을 해야 할까요? 바쁜 세상에서 어떻게 모든 것을 직접 경험하고 학습할까요? 해답은 바로 관찰과 대리 경험입니다. 학습을 하는 것은 과거와 현재의 지식과 지혜를 손쉽게 얻는 방법이고 다양한 분야의 독서는 대리 경험, 대리 만족을 통해 자기 효능감을 강화시킬 수 있습니다. 먹방을 보며 대리 경험을 하고 K-POP 스타들을 보며 대리 만족합니다. 공부 잘하는 친구들의 학습과 생활 태도를 관찰하여 모방하고 배울 점을 찾을 수 있습니다. 다른 사람들이 찍은 멋진 사진을 보며 마치 그곳에 다녀온 것 같은 감정을 가질 수 있는 것입니다. 어색한 분위기를 깨기 위해서는 먼저 타인에게 질문을 해야 하듯이 자기 자신에게 지속적으로 대화를 하고 자신을 칭찬하는 것도 자기 효능감을 강화시킵니다. 작은 계획을 세우고 목표를 달성했다면 자신에게 칭찬하고 보상을 해서 자기 효능감을 높이는 것입니다. 목표한 성적에 도달하면 신상 스마트폰을 구입할 수도 있고 멋진 운동화를 살 수도 있습니다. 칭찬은 고래도 춤을 추게 합니다. 자기 효능감을 상실할 때마다 자기 자신에게 질문과 칭찬이 너무 인색한 것은 아니었는지 다시 점검해 보아야 합니다.

때로는 정신적 각성으로 자기 효능감을 강화시킬 수 있습니다. "이렇게 살아서 되겠어? 지금 뭐하는 거야? 정신 차례" 라며 자신의 잠자는 의지와 신념을 깨우고 행동을 자극하는 것입니다. 가정 형편이 어렵지만 의대에 진학하려는 한 학생은 언제나 시험 공포증에 시달렸습니다. 평소 모의고사 성적은 최상위였음에도 수능 시험 당일의 공포는 극복하지 못하고 매번 시험을 포기했던 것입니다. 그 학생이 찾은 답은 자신에게 질문을 함으로써 정신적 각성을 자극했습니다. "아픈 사람 살리겠다며 의사가 되고자 하는데 지금 아픈 나를 치료도 못하는 내 자신이 의사냐? 의대에 입학해도 10년 이상의 수련 시간을 거친다. 나부터 고쳐보자." 이러한 정신적 각성으로 이 학생은 하루에 두 차례씩 실전처럼 수능 기출과 모의고사를 풀었습니다. 4년의 시간이 걸렸지만 결국 수능 시험 공포증을 이겨내고 의대에 진학했습니다.

자기 효능감을 떨어트리는 주된 요인은 징크스입니다. 형 만한 아우가 없다, 1편보다 재미있는 2편은 없다는 서포모어 징크스, 언제나 의도한 생각과 다른 결과가 나온다는 머피의 법칙, 좋은 일이 꼬리에 꼬리를 물고 일어나는 샐리의 법칙, 시험 전 미역국 금지 등 세상에는 수많은 징크스가 있고 이름을 붙입니다. 이번 U-20 청소년 월드컵 경기도 관람할 때마다 우리편이 진다는 징크스로 역사적인 순간을 못 본 것은 아닌지요? 징크스는 심리 현상이며 간단한 기록과 관찰로 이겨낼 수 있습니다. 나쁜 일이 자꾸 반복된다면 매번 기록하고 좋은 일이 발생한 횟수와 비교합니다. 응원하는 팀 경기를 볼 때마다 진다면 과연 몇 번을 보았는지 횟수를 측정해봅니다. 나만의 작은 실험을 하고 결과를 관찰하는 것이지요. 징크스라고 생각한 일들의 확률이 높지 않다면 징크스가 아니라고 생각하는 것입니다. 남들이 징크스라고 생각하는 마음을 억지로 나에게도 동일하게 적용할 필요는 없습니다. 원치 않는 일이 자꾸 발생된다면 원인을 찾고 조금씩 개선해 보면서 성공의 확률을 높이면 징크스를 제거할 수 있습니다. 이제 징크스는 학습과 관찰, 노력 없는 사람들의 자기 합리화라고 생각해 보는 것입니다. 징크스는 피하지 말고 직접 마주하며 징크스를 이길 때마다 기록하고 칭찬하며 질 때에는 그 원인과 과정을 분석하여 학습하면 충분히 극복할 수 있습니다.

자기 진정성

성장형 마인드셋을 강화하는 또 하나의 요소는 자기 진정성으로 자기 자신을 참되고 바르게 인식하고 대하는 마음가짐과 행동입니다. 주변 상황과 다양한 복합 문제에 흔들리지 않고 자신에게 최선을 다하는 모습이죠. 말과 행동이 일치하는 사람, 약속을 잘 지키는 사람, 합리적인 사람 등 자기 진정성은 다른 사람들의 눈에 스타일로 비쳐지며 그 사람의 특징을 나타내기도 합니다. 과거에는 가만있으면 중간은 한다는 말이 있었지만 4차 산업혁명 시대는 이러한 과거의 "중간은 한다."라는 생각은 사라졌습니다. 개인의 창의성, 독창성, 자기다움이 중요하게 인식되는 세상입니다.

자신을 진정으로 가치 있고 소중한 존재로 생각하지 않는다면 자기를 존중하는 마음 즉, 자존감이 상실됩니다. 모든 일상이 무의미하고 하는 일마다 뜻대로 되지 않아 자괴감에 빠지지요. 사람은 사회적 뇌를 가지고 있어 연결하고 싶어 하고 관계를 맺고 싶어

하지만 그 과정에서 수많은 비교를 하게 됩니다. 비교는 결코 잘못된 것이 아닙니다. 비교를 한 이후 차이와 다름을 인정하지 않고 오히려 처해진 환경, 출생, 배경, 조건 등을 탓하면서 안 되는 이유를 찾으려 애쓰기 때문입니다. 결국 합리적 낙관주의에 바탕을 둔 성장형 마인드셋으로 자신을 훈련시키고 학습시키는 것만이 자신을 존중하고 미래를 건강하게 만드는 유일한 방법입니다.

자기 진정성이 높은 사람들은 몰입 역량이 우수합니다. 몰입이란 최고의 집중 상태를 유지하면서 일을 즐기는 정신과 행동입니다. 몰입을 위한 가장 좋은 방법은 자신의 생각과 행동을 꾸준히 관찰하면서 올바른 길로 나아가도록 이끌어야 합니다. 이를 셀프 리딩이라고 하지요. 학습과 공부에서 자기 주도 학습이라는 말과도 같은 의미입니다. 자기 자신이 스스로 통제하고 관리하며 주도적으로 만들어 나가는 과정입니다. 부모와 환경 탓으로 돌리는 것보다는 학습과 일, 인생에 대한 현재를 이겨내고 미래를 만드는 일은 결국 자기 자신에게 달려있다는 생각으로 학습하고 실천한다면 몰입의 강도가 달라지고 습관이 형성되며 결국 인생이 바뀌게 되는 것입니다.

성장형 마인드셋 - 학습된 무기력을 찾아라

어느 과학자가 높은 벽으로 둘러싸인 벽 안에 개를 넣고 강한 전기 충격을 주며 개의 행동을 관찰했습니다. 개는 사력을 다해 도망치려 높은 벽을 뛰어 올랐지만 시간이 지나자 충분히 탈출할 수 있도록 벽을 낮추었음에도 개는 전기 충격을 무덤덤하게 받아들였습니다. 실패에 대한 반복된 학습으로 무기력이 학습되어 머릿속에 굳어진 것입니다. 이를 학습된 무기력이라고 합니다. "해도 안 돼. 원래 그런 거야. 애써 봐야 소용없어"라고 이야기 하는 것도 모두 학습된 무기력이 원인입니다. 무기력증이 심해져 모든 것이 귀찮고 싫증나고 삶의 꿈과 희망조차 무덤덤하게 생각합니다. 인간은 학습된 무기력을 갖고 있지만 성장형 마인드셋으로 학습된 무기력을 충분히 극복할 수 있습니다. 자신에게 채찍질을 가하며 다그칠 필요가 없습니다. 100m 달리기를 한 학생에게 쉼 없이 다시 운동장 10바퀴를 달려야 한다면 정말 모든 것을 포기하고 싶겠지요. 이때는 쉼과 치료, 힐링이 필요합니다. 재충전을 하고 새롭게 에너지를 보충해야 합니다. 실제로 학습된 무기력증에 걸린 사람들의 뇌를 살펴보면 뇌의 많은 부분의 운동량이 급격히 줄어드는 것을 확인되었습니다. 휴식을 취하고 에너지를 얻은 다음에는 무엇을 해야 할까요? 무기력이 학습되고 강화된다는 점을 생각해야 합니다. 많은 사람들이 휴식 이후의 단계를 생각하지 않기 때문에 다음에 찾아오는 무기력증에 힘없이 무너지고 무기력이 그대로 학습되고 두뇌에 자리 잡는 것입니다.

학습된 무기력을 치유하기 위해서는 근본 원인을 찾아야 합니다. 놀랍게도 대부분의 근본 원인이 너무나 큰 목표를 설정하고 감당하지 못할 실패를 겪고 그 경험이 반복되어 두뇌 속에 사진처럼 저장된다는 것입니다. 세상을 놀라게 하자는 애플의 스티브 잡스도 수많은 실패에서 학습하고 성장하여 아이패드와 아이팟, 아이폰을 만들었습니다. 전 세계의 모든 물건을 판다는 아마존은 아예 빠르게 실패하고 학습하여 성장하라고 말합니다. 포스트잇을 개발한 3M은 최고의 실패에 최고의 칭찬과 격려를 제공합니다. 목표는 크게! 실행은 단계별로 작게 쪼개어 성공과 실패의 경험을 반복하는 과정에서 성공의 경험을 조금씩 더 높여가는 것입니다. 수학 공부를 할 때 어느 문제집에는 A단계, B 단계, C 단계가 구분되어 있습니다. 대부분의 학생들이 C 단계는 너무 어려워합니다. 심지어 C 단계를 넘어 최고 난이도의 경시대회 문제들도 존재합니다. 새롭게 삼각함수, 미적분을 공부한다면 기본 개념을 배우고 개념을 적용한 기초 문제부터 풀 것입니다. 바로 학평, 모평, 수능 기출문제를 풀 수는 없을 것입니다. A 단계부터 차근히 실력을 갖추고 역량을 갖추어 나아가야만 B, C 단계를 진행할 수 있습니다. 풀리지 않는 C 단계의 문제에만 얽매여 자기 자신을 포기하고 실패감과 두려움만 키운다면 공부와 학습으로 자신의 가치를 높인다는 의미마저 상실하게 될 것입니다.

성장형 마인드셋 - 학습된 무기력 극복하기

욜로(YOLO, You only Live Once)라고 들어보았지요? 학습된 무기력을 극복하려 마음과 몸을 치유하려는 트렌드였습니다. 하지만 지나친 소비와 자기 과시, 배려 없는 자기 만족, 무의미한 따라 하기에 사람들은 이내 허전함과 공허함, 상실감을 치유할 수 없게 되었습니다. 마시멜로 테스트라는 심리 검사가 있습니다. 아이들에게 마시멜로를 나누어 주고 지금 먹지 않고 기다린다면 나중에 한 개를 더 주겠다고 말했습니다. 이때 먹고 싶은 욕구를 참은 아이들은 성인이 되어 다양한 분야에서 더욱 우수한 성과와 업적을 만들어 내었다는 실험입니다. 하지만 지금은 다양성과 불확실성의 시대입니다. 반드시 먹지 않고 기다려야 할까요? 먹은 다음에 새로운 1개를 갖지 못했다고 후회해야 할까요? 자신의 마시멜로를 친구와 나누어 먹고 친구가 새롭게 1개를 받은 다음 다시 그 마시멜로를 나누어 먹는다면 2개를 먹지 못했지만 결국 1.5개를 먹게 됩니다. 정답은 없습니다. 다양성과 불확실성이 존재할 뿐이지요. 과거에는 기다렸다가 새로운 마시멜로를 얻는 것이 이득이었다면 현재는 서로 먹지 않고 기다리는 것보다는 먼저 실행하고 나누고 협력하여 2는 달성하지 못했지만 1이 아닌 더 나은 1.5를 추구하는 것이 학습된 무기력을 이겨내는 방법입니다. 2를 달성하지 못했다는 좌절감과 실패감이 아니라 1에서 1.5를 달성한 작은 성공과 행복, 바로 소확행을 얻어 행복과 성공의 경험을 축적하여 학습된 무기력을 이겨낼 수 있습니다.

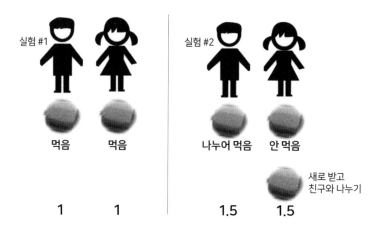

마시멜로 테스트

실험 #1   먹음   먹음   1   1   실험 #2   나누어 먹음   안 먹음   새로 받고 친구와 나누기   1.5   1.5

마시멜로 테스트 vs. 새로운 마시멜로 테스트(경험하고 협력하고 나누기)

학습된 무기력을 이겨내기 위해서는 일상에서의 작은 행복, 자신만의 소확행을 만들어야 합니다. 목표한 성적이 나왔을 때 쇼핑하기, 친구들과 수영장 가기, 스마트폰 교체하기, 먹방 프로그램에 나온 맛집 찾아가기 등 작은 보상을 하고 기억에 남기는 것입니다. 플래너나 다이어리에 기록하고 스마트 폰으로 사진과 기록을 남겨 절친들과 공유할 수 있습니다. 함께 공감하는 과정에서 작은 행복을 느끼는 것이지요. 사람들은 큰 목표와 큰 성취를 추구하기에 시간과 노력이 오래 걸리고 그 과정에서 작은 실패와 성공의 경험을 잊게 됩니다. 경험이 누적되지 않아 기억도 못하는 것이지요. 그래서 큰 실패에 더욱 좌절하는 것입니다. 나만의 소확행을 찾아 행복한 성취의 경험과 실패를 딛고 일어선 경험을 두뇌에게 지속적으로 자극시켜야 하는 것입니다.

너무나 하고 싶은 것들이 있지만 지금 당장 못한다면 어떠한 마음이 들까요? 죽기 전에 꼭 해보고 싶은 것들을 기록하여 기회가 될 때마다 실행할 수 있다면요? 누구나 하고 싶은 것, 되고 싶은 모습, 꿈꾸는 미래가 있습니다. 하지만 바쁘고 정신없는 일상에서 이런 기억들을 망각하고 시급한 문제에 매달려 실패가 지속되어 무기력이 학습되는 것입니다. 자신을 추스르고 시간을 가진 후에 다시 생각해보면 원했던 것, 바랐던 기억들이 희미해지기도 합니다. "내 꿈이 뭐였더라? 왜 이렇게 했지? 이걸 끝냈는데도 너무 허전해." 라며 다시 기억을 더듬으며 시간을 허비 합니다. 때론 반복된 실패의 원인과 해결 방법을 기억하지 못하여 매번 똑 같은 계획을 수립하고 똑 같은 방법으로 실행하다가 다시 반복된 좌절로 오히려 무기력한 마음이 더욱 커집니다.

꿈 저장소 - 버킷 리스트와 데스 노트

　하고 싶은 것들, 되고 싶은 모습, 이루고 싶은 꿈들을 생각날 때마다 자신의 노트, 플래너, 개인 카페와 블로그, 페북이나 인스타그램에 기록할 수 있습니다. 이렇게 하면 자신만의 꿈 저장소, 버킷 리스트가 만들어집니다. 가장 힘들었던 순간, 실패의 경험과 그때 고난과 시련을 딛고 일어섰던 방법, 도움을 준 친구와 지인, 나의 마음을 붙잡고 다시 용기를 낼 수 있도록 자극 받은 책이나 음악, 문구 등을 데스 노트에 기록합니다. 불안하고 두려운 마음도 모두 데스 노트에 적어둡니다. 물론 징크스와 같이 고치고 싶은 나의 단점도 모두 기록합니다. 그리고 극복할 때 마다 하나씩 지워나가는 것이지요. 버킷 리스트에는 원하는 것, 바라는 것이 생길 때마다 하나씩 추가해 나가는 것입니다. 인생에서 성공하고 학습을 잘하는 사람들은 시각화, 언어화, 활력화를 잘하는 사람들입니다. 자신의 장점과 단점, 목표와 계획, 성공과 실패를 눈으로 보이도록 구체화하고 말로 설명할 수 있도록 언어로 표현하며 생생하게 꿈꾸고 실천할 수 있도록 버킷 리스트와 데스 노트를 만들어 활용하는 것입니다.

버킷 리스트와 데스 노트를 작성하기 시작했다면 학습된 무기력을 무너트릴 무기를 준비한 것입니다. 하지만 때로는 무너트릴 적이 너무나 강하고 큰 경우가 있습니다. 이루고자 하는 꿈이 너무나 원대하고 클 수 있습니다. 한 번에 다 이루기에 벅차고 시간도 많이 걸리고 성공한다는 보장도 없는 것 같습니다. 데스 노트에 기록한 항목도 실행하기에 벅차고 힘이 듭니다. 이럴 때에는 어떻게 해야 할까요? 천리 길도 한 걸음부터라는 말이 있습니다. 일에는 순서가 있고 앞 단계를 이룩해야 뒷부분을 수행할 수 있습니다. 멋진 집을 짓는다는 꿈을 이루려면 어떻게 해야 할까요? 땅을 준비하고 1층부터 2층, 3층, 지붕을 만들어야 합니다. 멋진 집을 단계 별로 쪼개는 것이지요. 그래도 그 계획이 크게 생각된다면 작게 더 작게 쪼개어 보는 것입니다. 그렇게 작게 나누다 보면 쉽게 실행할 수 있는 목표와 계획이 만들어 집니다. 마치 레고 블록을 조립하는 것과도 같습니다. 아주 조그마한 레고 블록이 연결되어 작은 모듈이 됩니다. 작은 모듈이 연결되어 큰 모듈이 되고 1층을 만들고 2층, 3층과 지붕을 만듭니다. 이제 이렇게 만든 모듈을 연결하면 멋진 큰 집이 만들어 집니다.

큰 꿈

꿈 쪼개기

작게

더 작게

할 수 있는 정도로 더 작게

학습된 무기력 이겨내기 – 레고 블록처럼 해체하고 재조립하기 크고 멋지고 원대한 꿈도 이처럼 작은 레고 블록으로 쪼개어 실행해보고 실패해보며 학습하고 피드백을 통해 성공의 경험을 누적할 수 있습니다. 아주 작은 레고 블록들이 모여 모듈을 이룹니다. 이 모듈은 1층에도 사용하고 2층, 3층에도 활용 가능합니다. 물론 조금 변경을 할 수도 있습니다. 이처럼 모듈에 상상력을 가하면 더 많은 종류의 다양한 모듈이 만들어지고 나만의 멋진 집이 완성되는 것입니다. 모듈을 만들다가 실패하더라도 다시 해체하고 조립할 수 있습니다. 모듈이 크지 않기에 쉽게 분해하고 다시 조립하는 것입니다.

학습된 무기력을 극복하는 궁극적인 방법은 작은 성공과 실패를 빠르게 경험하여 자신만의 레고 블록을 모으고 이러한 블록들을 연결하여 다양한 모듈을 만드는 것입니다. 필요하다면 다른 사람이 만든 레고 블록 즉, 소셜 미디어, 인터넷, 각종 서적과 미디어의 힘을 빌려 지속적으로 학습하여 나의 모듈로 만다는 것입니다. 모듈이 작으니 실패하더라도 금방 일어설 수 있습니다. 성공의 경험이 누적되어 몰입의 강도가 높아지고 더 많은 성공들이 꼬리에 꼬리를 물고 발생할 수 있습니다. 마인드도 더욱 성장하며 자신을 튼튼하게 만들어 줍니다.

학습된 무기력을 이겨내는 힘은 합리적 낙관주의와 성장형 마인드셋, 그리고 해보겠다는 용기, 현재와 미래를 위한 끊임없는 역량 개발입니다. 한 토끼가 숲 속에서 튀어나와 갑자기 나무 그루터기에 부딪혀 그 옆을 지나던 농부에게 잡혔습니다. 이후로 농부는 농사일도 마다하고 마냥 그루터기에 앉아 또 다른 토끼를 기다렸지만 결국 아무런 소득도 없었습니다. 불확실성의 시대에서 미래를 만드는 힘은 빠르게 실행해보고 실패하며 배우는 용기와 역량입니다. 두려워 멈추거나 물러선다면 결코 카이로스의 시간과 기회를 움켜쥘 수 없습니다. 발레리나 박수진님의 발 사진, 월드컵 4강 신화를 만든 달리는 산소통이라는 칭호의 박지성의 발 사진을 본다면 그들의 성공 뒤에 얼마나 많은 시련과 고통, 노력이 함께 했는지를 알 수 있습니다. 무기력을 이겨내는 행운은 노력하고 준비한 사람에게만 보이기 때문입니다.

Secret 4

큰 그림(Big Picture)을 그리고
퍼즐 조각으로 나누어라

큰 그림(Big Picture)을 그리고
퍼즐 조각으로 나누어라

빅 픽처(Big Picture) - 크고 넓게 바라보는 힘

학교 수업시간에 도화지를 온통 검은색으로 칠한 학생이 정신병원에 입원했습니다. 학생은 이유를 말하지 않았고 선생님들도 아이의 행동을 이해하지 못했습니다. 그 와중에도 아이는 계속해서 수많은 도화지를 검은색으로 칠했습니다. 문득 간호사가 서랍에서 작은 퍼즐 조각을 찾아 영감을 떠올렸고 학생이 그린 그림들을 퍼즐 조각처럼 맞추어 보기 시작했습니다. 의사 선생님들이 높은 곳에서 내려다보니 결국 학생은 마음속의 커다란 고래를 그리기 위해 조그마한 스케치 북을 이용해서 여러 개로 쪼개어 그림을 그렸던 것입니다. 아이에게는 조그마한 스케치북에 결코 담지 못하는 크고 원대한 꿈, 빅 픽처가 존재했던 것이고 빅 픽처를 그리기 위해 작은 퍼즐 조각으로 나누었던 것입니다. 하지만 자신의 빅 픽처를 올바르게 설명하지 못한 문제점도 가지고 있었습니다. 빅 픽처를 가졌지만 소통을 못한 것입니다.

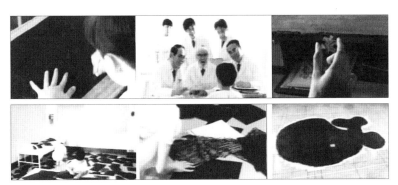
빅 픽처를 그린 아이 최강공부법, 일본공익광고

"소년이여 야망을 가져라!" 라는 말을 들어보았을 겁니다. 크고 멋진 꿈을 갖고 인생을 개척하라는 조언입니다. 인턴으로 근무하며 힘들어하는 드라마 미생의 장그래는 "전체를 보고 큰 그림을 그리는 역량을 갖추어야 현실의 고통과 패배도 이겨낼 수 있는 거야."라는 진심 어린 충고를 얻습니다. 빅 픽처는 인생의 설계도이고 큰 목표를 이루기 위한 청사진이며 올바른 길을 갈 수 있도록 안내해주는 네비게이터입니다. 크고 넓게 바라보는 힘입니다. 큰 그림을 그리고 퍼즐 조각으로 잘게 쪼개어 실행하며 전체를 맞추어 갑니다. 어린 시절 해보았던 퍼즐 맞추기 게임과도 같습니다.

빅 픽처는 크고 원대한 꿈이며 바라는 것, 되고 싶은 모습, 이루고 싶은 목표를 나타냅니다. 더 나은 세상을 만들겠다, 위대한 사람이 되겠다, 행복하게 살겠다는 것도 모두 빅 픽처이기에 왜(Why?)라는 질문에 대한 궁극적인 답변이 될 수 있고 자신의 존재 가치와 생각,

행동에 대한 이유가 됩니다. 빅 픽처를 가진 사람들은 고난과 역경을 마주할 때에도 크고 전체적인 상황을 먼저 봅니다. 전체를 조망한 후에 세부적인 사항들을 들여다보며 맥락을 파악하고 연결의 의미와 가치를 찾습니다. 수많은 불확실성과 복합 문제에 직면해서도 흔들리지 않는 굳건함과 유연함으로 생각하고 행동하며 협업합니다.

멋진 지구 사진을 찍으려면 어떻게 해야 할까요? 지구에 살고 있는 사람들은 결코 지구의 전체 모습을 얻을 수 없습니다. 지구 밖으로 나가야만 전체 지구를 찍을 수 있는 것입니다. 빅 픽처란 그런 것입니다. 가까이에서는 보이지 않지만 멀리 떨어져서 나무를 보는 것이 아니라 큰 숲을 보는 것과도 같습니다. 멀리 떨어지기 위해서 높은 곳을 올라야 하고 지구 밖으로 나아가는 것처럼 노력과 학습이 필요합니다. 하지만 빅 픽처만 그리는 것은 마치 멋진 건물의 바깥 모습만 들여다보는 것과 같습니다. 멀리 떨어진 높은 곳에서 숲을 보았다면 다음에는 가까이 다가서야만 나무를 관찰하고 나뭇잎과 풀벌레, 곤충, 새소리를 들을 수 있습니다. 세부적인 사항, 이를 디테일이라고 합니다. 4차 산업혁명의 시대에서는 빅 픽처와 디테일을 함께 관찰하고 분해하고 조립하며 새로운 가치를 찾는 역량이 새로운 시대의 역량으로 요구되고 있습니다.

빅 픽처와 디테일, 보는 시각의 차이 NASA, WIKI, Photovideocreate.com

　인공위성이 멋진 지구 사진을 찍어 전송했습니다. 지구라는 빅 픽처를 얻어 지구의 모습과 대륙의 모습, 구름의 움직임을 파악할 수 있습니다. 하지만 우리의 관심사가 서울과 한강 주변의 모습이라면 어떻게 할까요? 스마트폰에서 카메라를 찍을 때 줌 기능을 이용하여 멀리 있는 사람과 물체를 가까이 끌어옵니다. 관심 있는 사람과 사물에 가까이 가는 것입니다. 지구 사진도 인공위성이 더 많은 줌 기능으로 가까이 들여다보아야 서울과 한강의 모습이 보입니다. 하지만 이렇게 얻은 서울과 한강 사진에는 새롭게 지어진 롯데 타워를 찾을 수 없습니다. 우리가 인공위성을 조정하는 과학자라면 아마도 줌 기능을 더욱 높여서 롯데 타워를 찾을 것입니다. 테마 파크인 롯데 월드의 전체 모습을 보려면 롯데 월드 내부에서는 불가능한 일입니다. 밖으로 나와 높은 곳에 올라가 전체를 조망해야만 롯데 월드의 전체 모습이 보입니다. 테마 파크 내부의 멋진 궁전을 배경으로 사진을 찍고 싶다면 그곳으로 가야만 합니다. 언제나 빅 픽처와 디테일은 함께 존재하는 것입니다. 빅 픽처만 손에 쥐었거나 세부적이고 작은 디테일만을 탐구한다면 맥락을 잃고 가치를 찾을 수 없습니다. 이제는 스마트폰 카메라의 줌 기능처럼 멀리 보내기도하고 가깝게 끌어와서 살펴봐야 합니다. 유연하게 빅 픽처와 디테일을 함께 이용하고 여러 개의 디테일을 퍼즐 조각으로 연결하여 빅 픽처를 맞추어 가야 합니다.

친구들 중에 스마트폰으로 사진을 잘 찍는 친구가 있습니다. 어떤 친구는 사진을 찍기만 하면 모든 친구들을 난쟁이로 만들어 버립니다. 멋진 곳에 방문하여 인생 샷을 남기려 했는데 어떤 사진은 웅장하고 나오고 어떤 사진은 마치 스머프 마을 같습니다. 왜 그럴까요? 예쁜 어린 아이 사진을 찍을 때 아이의 눈 높이에 카메라 앵글을 맞추면 포근하고 안정된 느낌을 받습니다. 하지만 스마트폰으로 밑에서 위로 찍으면 똑 같은 아이가 도도하고 거만하며 까칠한 모습으로 나오지요. 얼짱 각도로 불리는 70~80도로 카메라를 위에서 아래로 찍으면 가장 예쁘고 사랑스러운 얼굴 모습을 얻을 수 있습니다. 테마 파크의 멋진 궁전도 밑에서 위로 찍어야 멋진 사진을 얻습니다. 작은 꽃의 종류를 알아보려면 네이버 카메라로 가까이서 찍어야만 인공지능이 영상을 분석해서 정보를 알려줍니다. 이처럼 빅 픽처와 퍼즐 조각인 디테일은 바라보는 시각, 관점, 가치와 신념에 따라 모두 다르게 보입니다. 틀렸다는 것이 아니라 다르다는 것이지요.

누구나 꿈을 꾸지만 아무나 꿈을 이루지 못한다고 말합니다. 왜 그럴까요? 상상력과 창의성이 복합적으로 연결된 꿈을 구체적인 현실 세계로 가져오지 못했기 때문입니다. 빅 픽처는 원대한 꿈입니다. 그렇기에 꿈을 이루기 위한 구체적인 목표와 실현 방법을 생각해야 합니다. 이 과정이 바로 빅 픽처를 퍼즐 조각으로 쪼개는 단계입니다. 서울대, 실리콘밸리의 스탠퍼드 대학에 진학하기 위한 꿈만 꾼다고 성적과 자격이 갖추어지는 것은 아닙니다. 생생하게 꿈을 꾸지만 철두철미한 단계별 목표와 실행 계획 그리고 노력과 점검이 있어야만 꿈이 현실에서 실현되는 것입니다. 중간고사, 기말고사에서 좋은 성적을 올리려면 시험 일자, 시험 과목, 과목별 시험 범위, 수업 내용, 문제집 풀이, 모의 고사 등을 계획하고 실천합니다. 이 과정에서 힘든 고통의 시간과 자신의 한계까지 도전하는 용기와 노력이 필요합니다.

왜 빅 픽처를 아주 작은 퍼즐 조각, 레고 블록으로 만들까요? 학생들이 시험 문제를 풀 때에도 단순 개념 문제가 있고 여러 개의 개념을 섞어 놓은 복합 개념의 문제를 만날 수 있습니다. 해결하기 어려운 문제도 사실 단순한 여러 개념들이 서로 연결되어 새롭고 어렵게 느껴지는 것입니다. 빅 픽처는 무척 크고 이루기 위한 시간과 노력을 많이 요구합니다. 그렇기에 한번 마음먹고 실행을 하더라도 진행 정도를 파악하기 어렵고 잘하고 있는지 점검하기가 쉽지 않습니다. 빅 픽처를 이루려 노력을 하는 과정에서 실패를 하면 너무나 큰 실패에 다시 일어서기가 쉽지 않습니다. 그래서 쉽고 빠르게 실행하고 점검하기 위한 퍼즐 조각, 레고 블록을 만드는 것입니다. 4차 산업혁명의 시대는 초연결, 초지능, 융복합의 시대라고 합니다. 스마트폰에 수많은 기능이 있더라도 본질은 전화 기능과 인터넷, 카메라 기능입니다. 다른 기능들은 여기서 연결되고 진화되어 융복합한 것입니다. 전화가 잘 안되거나 카메라 화질이 나쁘거나 인터넷 접속이 툭툭 끊어진다면 이미 본질을 잃은 것이겠지요. 빅 픽처도 동일합니다. 아무리 크고 원대한 꿈이라도 현실로 가져와서 목표와 계획을 수립하며 다시 점검하여 너무 큰 목표와 계획을 다시 잘게 쪼개어 실행과 실패, 점검과 도전을 신속하게 진행하는 것입니다. 성공과 실패도 신속하게 경험하고 치유하며 도전하고 성장함으로써 민첩하게 변화에 대응하고 꿈을 향해 나아갈 수 있습니다.

빅 픽처 - 꿈 저장소에 저장하고 혁신하라

영화로 큰 인기를 끈 반지의 제왕 3부작은 영국의 작가 J.R.R. 톨킨의 1950년대에 발표한 판타지 소설입니다. 하지만 소설을 발표한 당시에는 소설의 풍부한 상상력을 영화로 만들 기술이 부족했습니다. 컴퓨터 그래픽과 영화 사운드 기술이 발달할 때까지 영화 제작이라는 빅 픽처를 잠시 저장해 두었던 것입니다. 영화 제작에서도 3부작을 처음부터 동시에 제작하고 순차적으로 발표한다는 빅 픽처를 세우고 이를 쪼개어 한 편씩 발표 했습니다.

픽사의 대표작인 토이 스토리 역시 컴퓨터 그래픽 기술의 발달을 기다리며 10년을 준비한 끝에 최초의 3D 장편 애니메이션을 만들었습니다. 레오나르도 다빈치는 자신이 떠올린 아이디어들을 다빈치 노트에 기록해 두었습니다. 대부분의 아이디어가 당시의 기술로는 구현이 불가능한 것들이었지요. 하지만 1만 페이지가 넘는 아이디어들은 이후 자전거, 자동차, 비행기, 잠수함, 헬리콥터 및 인체 구조에 이르기까지 다양한 분야에 영감을 주었습니다.

 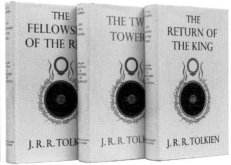

반지의 제왕 소설 3종 세트와 영화 포스터 Amazon, WIKI

죽기 전에 꼭 해보고 싶은 것이 있다면 어떻게 할까요? 여행지에서 반드시 먹고 싶은 음식, 가보고 싶은 음식점은요? 꼭 이루고 싶은 큰 목표와 되고 싶은 모습은요? 빅 픽처가 생각나지 않더라도 무언가 징검다리가 되는 생각이 떠올랐다면요? 반드시 해보고 싶은 것이 있지만 지금 당장 시간과 여건이 되지 않는다면요? 인간에게는 시간이라는 조건이 있습니다. 누구에게나 24시간이라는 시간이 부여되지만 모든 사람이 효율적으로 목적에 맞게 사용하기는 쉽지 않습니다. 그래서 자신의 생각, 해야 할 일 등을 4가지로 나누어 생각하는 "시간관리 매트릭스"가 도움이 됩니다. 빈 종이를 두 번 접어 4개의 사각형으로 구분합니다. 1번에는 가장 중요하고 긴급한 일, 2번에는 중요하지만 긴급하지 않은 일, 3번에는 긴급하지만 중요하지 않은 일, 4번에는 긴급하지도 않고 중요하지도 않은 일을 기록하는 것입니다. 그리고 그 옆에 꿈 모듈, 버킷 리스트, 데스 노트를 만들어 하고 싶은 일, 되고 싶은 모습을 생각날 때마다 기록해 두는 것입니다. 바꾸고 싶은 나쁜 습관이나 태도는 데스 노트에 기록하는 것이지요. 빅 픽처는 한 번에 만들어지지 않습니다. 자꾸 다듬고 사랑과 관심을 주며 키우는 애완동물과도 같지요. 또한 여러 개의 빅 픽처가 동시다발적으로 머릿속에서 떠오를 수 있습니다. 하지만 그 때마다 어느 하나에 몰입하다 보면 다른 좋은 생각이나 기회를 잃어버리기도 하지요.

이때 도움이 되는 것이 버킷 리스트와 데스 노트를 포함하는 꿈 모듈입니다. 지금 당장 못하더라도 좋은 생각, 아이디어, 새로운 목표와 희망, 멋진 미래에 관한 생각이 떠오른다면 바로 꿈 모듈에 저장해 두세요. 꿈 모듈은 플래너, 수첩, 노트, 스마트폰의 메모장, 인스타와 페북, 블로그 모두 가능합니다. 마치 은행에 예금하는 것처럼 꿈 모듈에 차곡차곡 저장해 두면 절대로 잃어버리지 않습니다.

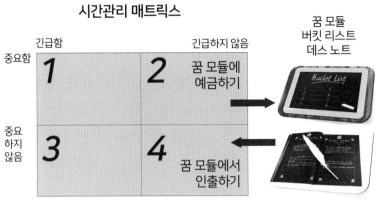

시간관리 매트릭스와 꿈 모듈(버킷 리스트, 데스 노트)

시간이 없거나 용기가 부족해서 혹은 불확실성 때문에 머뭇거리는 것도 모두 꿈 모듈에 저장할 수 있습니다. 많은 학생들이 공부 잘하는 학생들이 사용하는 참고서와 문제집을 따라서 사지만 제대로 활용하지 않고 그냥 묵혀 둡니다. 책의 처음 몇 페이지만 들추어 보지만 이후엔 그 책을 구매했는지 조차 기억이 가물가물 합니다. 스마트폰에 멋진 사진을 찍어 저장을 했지만 도통 찾지를 못하기도 합니다. 문제가 무엇일까요? 멀리 사는 친척보다 가까운 이웃과 친구가 더 고맙고 소중하게 느껴질 때가 있습니다. 자주 보며 소통하고 교류하기 때문이지요. 빅 픽처를 만드는 꿈 모듈도 그렇습니다. 자신의 꿈 모듈을 자주 살펴보고 시간 관리 매트릭스로 꺼내어 실행하고 실패하고 학습하는 과정을 통해 꿈 모듈을 조금씩 성장시켜 나갑니다. 그리고 다시 꿈 모듈에 넣어 둡니다. 마치 은행에서 예금하고 인출하는 것과도 같습니다. 이 과정이 바로 혁신입니다.

빅 픽처 - 성공적인 꿈 모듈 만들기

삼국지에서 마음 급한 유비는 천하를 얻고자 제갈공명을 찾아갔지만 번번이 자리를 비운 제갈공명에게 관우와 장비는 너무도 화가 났습니다. 결국 삼고초려 끝에 제갈량의 마음을 얻을 수 있었습니다. 빅 픽처를 이루려는 급한 마음을 제갈공명은 이미 알아채고 마음과 시간의 여유를 의도했던 것입니다. 유비는 또다시 제갈공명에게 자신의 빅 픽처인 천하를 얻는 방법을 알려달라고 합니다. 이에 제갈공명은 천하를 조조, 손권, 유비가 각각 나누어 다스리며 이후 힘을 길러 단계적으로 천하를 얻을 것을 이야기합니다. 바로 천하삼분지계입니다. 빅 픽처를 쪼개고 이를 꿈 모듈에 넣고 단계별로 목표와 실행계획을 수립하여 성공과 실패를 거쳐 궁극적으로 빅 픽처를 이룬다는 것입니다.

학생들이 학교에서 공부를 할 때 가장 궁금해하는 의문점은 도대체 왜 이렇게 많은 과목을 공부해야 하는지 모르겠다는 것입니다. 체육을 싫어하는 학생, 수학은 정말 지긋지긋 하다는 학생, 현대를 살면서 고전과 비문학을 왜 해야 하냐고 불평을 하는 학생도 있습니다. 사실 학생들에게 다양한 경험과 학습의 기회를 제공하여 여러 분야에서 관심과 흥미를 찾고 다양한 분야를 서로 연결하여 그 과정에서 가치와 맥락을 찾아 자신이 원하는 빅 픽처를 만들어 간다는 의도입니다. 좋은 뜻이 성적과 내신, 수능 등의 입시로 변질 된 것이지요. 학교에서 이처럼 다양하게 과목이 나뉘듯이 빅 픽처도 다양하게 구성될 수 있습니다. 커다란 빅 픽처를 조금 작게 여러 개의 덩어리로 나눌 수 있는 것이지요. 이를 꿈 모듈이라고 합니다. 빅 픽처가 작다면 꿈 모듈의 크기도 작으며 빅 픽처가 크다면 꿈 모듈은 여러 개로 구성될 수 있습니다.

어느 고등학생의 빅 픽처는 "행복하고 가치 있는 삶" 입니다. 멋진 목표이지만 구체적인 내용이 부족했습니다. 하지만 좀더 많은 고민과 관심사를 찾은 후에 최고의 로봇 공학자, 취미로 피아노 연주하기, 학업 성적을 향상하여 원하는 대학에 진학하기, 존경받는 과학기술 연구원, 대학 교수, 독서 1천권하기, 은퇴 후에는 낚시와 여유로운 전원생활 등을 생각해 냈습니다. 이러한 모든 것들이 학생이 원하는 행복하고 가치 있는 삶을 향하고 있으며 빅 픽처를 구성하는 여러 개의 꿈 모듈입니다. 학생이 성장하고 세상이 변화할 때마다 꿈 모듈도 성장하고 변화하며 불필요한 꿈 모듈은 삭제하거나 다른 꿈 모듈에 포함될 수도 있습니다.

고등학생의 빅 픽처와 꿈 모듈 사례

빅 픽처가 크면 꿈 모듈도 크고 다양하게 나뉩니다. 이런 경우에는 꿈 모듈도 더 작은 꿈 모듈로 다시 쪼개야 합니다. 꿈 모듈을 꼬리에 꼬리를 물 듯 자신이 할 수 있는 수준, 목표까지 쪼개는 것입니다. 이렇게 쪼갠 최종 단계는 퍼즐 조각, 레고 블록이 되는 것이며 쉽고 명확하게 이해되고 실행할 수 있어야 합니다. 하지만 한 번에 모든 것을 쪼갤 필요는 없습니다. 쪼개다가 다시 꿈 모듈에 넣고 시간이 흐른 후에 꿈 모듈에서 꺼내어 쪼개고 다듬고 실행하고 점검하면 되는 것입니다. 고등학생의 꿈 모듈 중 하나는 학업 성적 향상입니다. 이를 위해 구체적인 목표로 학교의 교육계획서 분석하기, 원하는 대학 진학 빅 픽처 그리기, 선행 학습 계획하기 등을 설정했습니다. 그런 다음에는 학교 교육계획서에 대해 조금 더 구체적인 목표를 세웠습니다. 공부법 서적을 구입하고, 학교 홈페이지를 조사하며 필요시 학습 컨설팅을 받고 관련 정보를 인터넷에서 찾아본다는 것이지요. 선행 학습에도 국어, 영어, 수학, 과학을 선정하고 특히 국어 과목의 경우 인터넷 강의, 기출 문제 풀이, 학원, 학교 수업 복습 등으로 조금 더 구체적이고 상세하게 꿈 모듈을 구체화한 것입니다.

꿈 모듈 작게 쪼개고 더 작게 쪼개기

일본의 괴물 투수로 불리는 오타니 쇼헤이는 고등학교 시절 자신의 빅 픽처를 수립했습니다. 최고의 고교 야구선수가 되어 프로 8개 구단에서 1순위로 드래프트를 받는다는 야심 찬 계획이었습니다. 그렇지만 빅 픽처를 이루기 위해서는 좀 더 구체적인 꿈 모듈이 필요했기에 몸만들기, 제구, 구위, 멘탈, 볼 스피드, 인간성, 행운, 변화구 등으로 자신의 빅 픽처를 8개의 꿈 모듈로 나누었습니다. 이후 8개의 꿈 모듈 모두 좀 더 구체적인 실천 계획을 수립하여 그림으로 나타냈고 이를 바탕으로 빅 픽처를 향해 도전했던 것입니다.

몸관리	영양제 먹기	FSQ 90kg	인스텝 개선	몸통 강화	축 흔들지않기	각도를 만든다	위에서부터 공을 던진다	손목 강화
유연성	몸만들기	RSQ 130kg	릴리즈 포인트 안정	제구	불안정 없애기	힘 모으기	구위	하반신 주도
스태미너	가동력	식사 저녁7술갈 아침3술갈	하체 강화	몸을 열지 않기	멘탈을 컨트롤	볼을 앞에서 릴리즈	회전수 증가	가동력
뚜렷한 목표·목적	일희일비 하지 않기	머리는 차갑게 심장은 뜨겁게	몸 만들기	제구	구위	축을 돌리기	하체 강화	체중 증가
핀치에 강하게	멘탈	분위기에 휩쓸리지 않기	멘탈	8구단 드래프트 1순위	스피드 160 km/h	몸통 강화	스피드 160 km/h	어깨 주변 강화
마음의 파도를 안만들기	승리에 대한 집념	동료를 배려하는 마음	인간성	운	변화구	가동력	라이너 캐치볼	피칭 늘리기
감성	사랑받는 사람	계획성	인사하기	쓰레기 줍기	부실 청소	카운트 볼 늘리기	포크볼 완성	슬라이더 구위
배려	인간성	감사	물건을 소중히 쓰자	운	심판을 대하는 태도	늦게 낙차가 있는 커브	변화구	좌타자 결정구
예의	신뢰받는 사람	지속력	긍정적 사고	응원받는 사람	책읽기	직구와 같은 폼으로 볼을 던지기	스트라이크 볼을 던질 때 제구	거리를 상상하기

괴물투수 오타니 쇼헤이의 빅 픽처와 꿈 모듈 나누기(만다라트 발상법)

성공적인 꿈 모듈을 만들고 유지하고 성장시키는 구체적인 방법은 무엇일까요? 건강 하려면 매일 일정시간 운동을 해야 합니다. 애완동물이나 식물도 정기적으로 먹이와 영양분을 제공하고 관심과 애정을 주어야만 성장하고 교감을 나눌 수 있습니다. 공부를 잘하려면 실제로 공부를 하는 노력이 있어야 합니다. 아인슈타인은 자신에게 20일의 시간이 주어진다면 문제가 무엇인지를 정의하는 데에 19일의 시간을 투자하겠다고 했습니다. 지금 현재의 자신의 모습은 자신이 스스로 결정하고 행동하고 선택한 결과물입니다. 꿈 모듈도 가꾸고 다듬고 완성하는 주체는 자기 자신이며 끊임없이 꿈 모듈에 왜(Why?) 어떻게(How?) 무엇을(What?) 이라는 질문을 만들고 답해가는 의식적인 시간 투자와 노력이 필요합니다. 성공하는 사람들의 공통점은 의식적인 시간 투자와 부단한 노력, 실패에서 일어서 다시 도전하는 성장형 마인드셋입니다. 레고 블록도 연결하지 않으면 작은 장난감에 지나지 않는 것처럼 꿈 모듈도 분해하고 조립하고 다시 연결하는 과정의 시간 투자와 노력이 빅 픽처에 더욱 가깝게 이르게 합니다.

성공적인 꿈 모듈을 만들기 위해서 시간을 들이고 노력을 하는 과정에서 항상 살펴보아야 할 대상은 바로 마인드입니다. 아무리 굳건하고 유연한 성장형 마인드와 합리적 낙관주의를 가졌더라도 수 많은 외부, 내부 환경과 처한 현실, 반복된 실패와 좌절에 마인드도 병이 들고 지치게 됩니다. 마음이 지쳐 정신과 몸이 피로해지고 능률이 떨어지게 됩니다. 또한 피곤한 육체는 정신을 나약하고 면역체계를 공격합니다. 때문에 적절한 휴식과 운동, 마음을 점검해야 합니다.

프리 다이버 나탈리아 아브세옌코의 북극해 유영 BBC.com / Ted

2차 세계 대전 당시 의료품이 부족하자 가짜 약으로 부상당한 병사들을 치료해야 했습니다. 의학적으로는 아무런 도움이 되지 않는 가짜 약이었지만 병사들의 부상이 빠르게 회복되고 치료를 받고 있다는 심리적 안정감을 얻게 되었습니다. 이를 "플라시보 효과"라고 합니다. 긍정의 마인드가 육체적인 병도 개선되도록 한다는 것입니다. 냉동창고에 갇힌 한 선원은 자신이 곧 얼어 죽게 될 것이라는 생각에 이내 모든 생존의 도전을 포기했습니다. 의료진이 도착했을 때 냉동 창고의 온도는 20도에 가까웠지요. 구조대가 올 때까지 버틸 수 있는 충분한 식량과 산소도 존재했습니다. 결국 그 선원의 마인드가 선원을 죽음으로 이르게 한 것입니다. 부정적 생각이 부정적인 행동과 결과를 초래한 것입니다. 이를 "노시보 효과"라고 합니다.

성공적인 꿈 모듈을 만드는 과정에서 끊임없는 두려움과 의구심이 발생합니다. 두려움과 의구심은 반드시 물리쳐야 할 대상일까요? 이후에 더 큰 두려움과 의구심이 다가온다면 어떻게 해야 할까요? 나타리아 아브세옌코는 북극해에서 흰 고래와 11분간의 유영으로 화제가 되었습니다. 산소 호흡기와 잠수복도 없이 높은 수압, 극심한 공포를 어떻게 이겨냈을까요? 두려움과 의구심을 이겨내야 하는 극복의 대상이 아니라 있는 그 자체로 마주하여 공존의 대상으로 생각했습니다. 마음속에서 커지는 부정의 목소리, 수많은 장애물에 대화를 건넸습니다. 자신의 마음, 마인드에게 내면의 대화를 통해 긍정적 자기 암시로 두려움과 공포를 마주한 것이며 이때부터 바다 속의 적막감과 공포가 교감을 나누는 친구가 되어 자신을 믿고 신뢰하는 내면으로부터의 미소를 짓게 된다고 말했습니다.

두뇌와 밀당하기, 두뇌의 습관회로 만들기- 습관 시도, 습관 형성, 습관 각인

빅 픽처와 꿈 모듈을 만들고 실행하기에 가장 좋은 시간은 새 학년, 새 학기, 지필 평가 등 하나의 단계가 끝나고 새로운 단계가 시작될 때입니다. 플래너를 구입하거나 공부 계획표도 만들고 책상 앞에는 크고 멋진 목표와 계획을 표어로 만들어 붙여 둡니다. 새롭게 다짐을 하고 의욕도 넘쳐 납니다. 하지만 시간이 지남에 따라 의지와 행동, 실행력과 동기는 점차 감소하게 됩니다. 작심삼일이 남의 이야기가 아니라고 생각하게 됩니다. 열심히 공부해서 원하는 전공의 대학을 가고 더 나은 세상을 만들고 행복하게 살겠다는 꿈이 마치 헛된 희망, 개꿈처럼 생각되기도 합니다. "그러면 그렇지, 혹시나 했는데 역시나." 라며 자책과 패배감에 젖기도 합니다. 과연 처음 마음먹고 꿈꿔온 빅 픽처와 끔 모듈은 헛된 희망이고 절대로 이룰 수 없는 과대망상일까요? 사람들은 이런 모습을 헛된 희망 증후군이라고 합니다. 꿈만 꾸고 계획하고 실행하지 않기 때문입니다. 마치 자고 일어나면 세상이 바뀌고 자신이 바뀌어 있을 것이라고 생각하는 것입니다.

만들지도 못할 1만개의 아이디어를 기록한 레오나르도 다빈치의 생각은 과대망상, 헛된 희망이었을까요? 사람의 지능을 초월하는 인공지능을 만든다는 생각은 헛된 생각일까요? 하늘을 나는 자동차는 어떨까요? 드론이 집집마다 택배를 배송해주는 것은 과연 헛된 과대망상일까요? 2030년 화성에 인류가 거주하는 것은요? 과학과 기술, 인문과 공학, 문학과 예술 등 모든 것이 초연결 되고 융복합하는 시대에 불가능한 과대망상은 없습니다. 어느 누구도 단정하지 못하는 불확실성의 시대이기 때문입니다. 하지만 이처럼 순간적으로 스쳐 지나가는 아이디어들을 빅 픽처와 꿈 모듈로 만들고 실행 가능한 퍼즐 조각으로 쪼개어 성공과 실패를 반복하지 않는다면 누군가에게는 헛된 개꿈이 되는 것이고 누군가에게는 세상을 바꾸고 인류에게 새로운 경험과 영감을 선사하는 창조가 되는 것입니다. 헛된 꿈, 과대 망상의 판단 주체는 자기 자신입니다. 실행과 노력, 성공과 실패도 모두 자신이 하기 나름입니다. 스쳐 지나가는 아이디어는 모두 꿈 모듈에 넣어두어야 합니다. 언젠가 다시 뽑아내어 조립하고 해체하고 연결하면서 점점 더 현실에서 구체화할 수 있고 다른 사람의 아이디어, 결과물과 연결하고 기술 발전에 따라 더 나은 방법으로 다듬고 완성해나갈 수 있습니다.

작심삼일이라는 말은 흔히 계획했음에도 실천 의지가 부족하여 결국 계획한 것을 이루지 못하는 상태를 이야기합니다. 하지만 성장형 마인드셋으로 다시 살펴볼 수 있습니다. 계획과 실천을 3일이나 지속했다는 사실이지요. 3일이상 지속되기 어렵다면 3일마다 목표를 다시 수립하고 계획하고 실천하면 어떨까요? 3일마다 자신을 점검하고 보완하고 다시 실행해보는 것입니다. 너무 무리했다면 잠시 멈춤과 휴식을 갖고 리프레시를 할 수 있습니다. 너무 거창한 계획이었다면 다음 번 3일에서는 그 계획을 절반이나 1/4로 쪼개어 실행해 보는 것이지요. 포뮬러 1 경기에서의 피트스탑을 기억해 보세요. 단 1~2 초를 아끼기 위하여 피트스탑을 무시한다면 연료와 타이어 점검을 못하여 결국 레이싱을 완주할 수 없습니다. 일정한 시간, 기간에 반드시 점검을 해야합니다. 작심삼일도 3일의 지속성이라는 생각으로 짧게 계획하고 빠르게 실행하고 점검하며 실패에서 학습하여 다음 번 도전에서 개선된 방법으로 실행하겠다는 생각을 갖추어야 합니다.

서면 앉고 싶고 앉으면 눕고 싶고 누우면 자고 싶다는 말처럼 인간의 두뇌는 편하고 쉽고 익숙한 것에는 원활하게 작동합니다. 하지만 새롭고 낯설고 어렵거나 시간이 많이 소모되는 것에는 거부감을 드러내어 심리적, 정신적, 육체적으로 저항을 합니다. 갑자기 하기 싫은 마음, 피곤함, 짜증과 거부감이 생성됩니다. 그렇다면 두뇌를 잘 달래고 훈련시켜서 작동시킬 수 없을까요? 뇌 과학자들이 두뇌의 비밀을 밝혀냈습니다. 낯설고 새롭고 불편한 일이라도 최소 21일정도 지속한다면 두뇌 속의 신경세포들을 연결하는 시냅스가 형성되어 두뇌가 "습관" 프로세스로 인식한다는 것입니다. 결국 습관을 만들기 위해서는 최소 20~30일 간 꾸준히 해야 한다는 것이지요.

처음 습관을 만들려 하면 두뇌는 익숙하지 않은 상황에 거부감을 보이고 낯선 경험을 분석하려 두뇌의 다양한 기관들이 총동원됩니다. 그때 의도적인 반복 행동으로 두뇌에게 습관을 만든다고 알려주는 것입니다. 두뇌 속에 습관 회로를 만드는 것이지요. 다양한 습관 회로를 만든 사람들은 새로운 습관을 시도하고 반복하여 새로운 습관 회로를 만들기 쉽지만 이러한 훈련이 부족하다면 새롭게 시도하는 습관은 힘들고 어려울 수 있습니다. 그 고비를 넘어야만 두뇌가 습관 회로를 만들게 됩니다. 하지만 습관 회로를 만들었다고 해도 지속적이고 주기적인 반복을 하지 않으면 두뇌도 망각 과정을 거치게 됩니다. 공부한 것을 반복하고 활용하지 않으면 시간이 지남에 따라 잊히는 것과 같습니다. 주기적으로 지속적인 반복을 수행하면 습관은 장기 기억, 장기 근육을 만들어 당연한 것으로 받아들입니다. "누워서 떡 먹기, 식은 죽 먹기, 눈감고도 한다." 라는 말이 있지요? 바로 습관이 두뇌 속에 습관 회로를 만들고 습관이 장기 기억, 장기 근육으로 각인되었기 때문에 두뇌는 더 이상 처음의 분석 과정을 거치지 않고 마치 인식하지 못한 것처럼 자연스럽게 습관을 실행하는 것입니다. 빅 픽처와 꿈 모듈의 성공은 자신이 얼마나 자주 반복적으로 다듬고 생각하고 실행하는가에 달려 있습니다. 바로 습관 만들기 입니다.

사람의 마음은 갈대와 같다고 합니다. 언제나 일정한 마음을 유지한다는 항상심이 결코 쉽지 않지요. 칭찬을 받으면 새롭게 자극을 받고 의욕이 생깁니다. 때로는 크게 혼이 나거나 심한 질책에 자극받아 이를 악물고 다시 도전하기도 합니다. 반면 반복된 칭찬은 오히려 의욕을 떨어트리고 무덤덤하게 됩니다. 너무 심한 질책과 비난은 영영 일어서지 못하는 치명적 손상을 입힐 수도 있습니다. 처음 친구를 사귀거나 오래된 친구 사이에도 밀고 당기는 마음이 생기지요? 바로 "밀당하기"입니다. 때론 양보하기도 하고 어떤 부분에서는 내 고집을 끝까지 주장하기도 합니다. 가끔씩 토라지고 싸우기도 하고 다시 화해하고 어깨동무를 하며 깔깔거립니다.

우리의 머릿속, 마음속에 빅 픽처와 꿈 모듈을 만들고 습관 회로를 만들어 의식적으로 반복하고 실행한다고 해도 두뇌는 지치고 토라지고 삐칠 수 있습니다. 이때부터 나와 두뇌의 밀당하기가 시작됩니다. 칭찬, 보상, 질책, 비난, 휴식, 내면의 소리 듣기, 마음과 대화하기, 마음에서 한 걸음 떨어져 생각하기 등 다양한 방법으로 밀고 당기기를 시도해야 합니다. 이 과정에서 자신에게 가장 적합한 방법을 찾아야 합니다. 학교에서 공부가 잘 안될 때, 현재와 미래가 걱정이 될 때, 무언가 마음먹었지만 힘들고 지칠 때 이처럼 두뇌와의 밀당이 필요합니다. 밀당하기가 익숙하지 않다면 나의 두뇌, 나의 마음을 그림으로 그리는 것입니다. 어떠한 문제에 두뇌와 밀당 하는지, 어떠한 마음이 두뇌를 지배하는지를 차분히 그려보는 것입니다. 눈에 보이도록 말이죠.

두뇌와 밀당하기, 해시태그 붙이기

빅 픽처, 꿈 모듈, 퍼즐 조각들에 대해 두뇌와 밀당을 시도할 때에는 설득의 도구가 있어야 합니다. 친구들 사이에서도 무언가를 부탁하거나 협력하고 소통할 때에도 주고받는 과정이 필요한 것처럼요. 첫 번째 도구는 질문의 골든 서클입니다. 왜(Why?), 어떻게(How?), 무엇을(What?)의 순서로 빅 픽처, 꿈 모듈, 퍼즐 조각에게 대해서 질문하고 답을 찾는 과정을 두뇌에게 알려주는 것입니다. 마치 자신이 선생님이 되어서 학생에게 쉽고 자세하게 설명하듯 두뇌가 이해하도록 설명하는 것입니다. 그러면 두뇌도 닫힌 마음을 열고 조금씩 귀를 기울이게 되는 것입니다. 또한 반복이 중요합니다. 한 번의 대화로 모든 문제가 해결된다는 생각보다는 조금씩 천천히 꾸준히 두뇌에 자극을 주어야만 마음의 문을 열고 두뇌의 활동을 증가시키게 됩니다.

두 번째 설득 도구는 해시태그(#)입니다. 페북이나 인스타, 블로그나 카페에 글을 쓴다고 해도 해시태그를 올바르게 기록하지 않으면 검색이 제대로 되지 않고 사람들이 찾아 볼 수도 없습니다. 두뇌와의 밀당에서도 해시태그를 이용해서 자기 자신과 두뇌가 모두 이해할 수 있고 쉽게 눈에 뜨이도록 해시태그를 붙이는 것입니다. 빅 픽처, 꿈 모듈, 퍼즐 조각은 진정으로 원해서 만들어지는 것도 있지만 반드시 해야 하는 의무감, 사명감, 규칙 때문에 해야 하는 것도 있지요. 이럴 때마다 모든 빅 픽처, 꿈 모듈, 퍼즐 조각에 해시태그를 붙이는 것입니다. 이제는 나 자신과 두뇌도 시각적으로 활용할 밀당의 도구가 생기게 된 것입니다.

사람들은 어떤 일을 할 때에 반드시 해야 하는 것과 원하는 것으로 구분합니다. 자신이 원하는 것이 해야 하는 것일 때 최고의 성과를 만들어냅니다. 하지만 원하지 않지만 반드시 해야 하는 일이라면 정말 힘들고 지치게 됩니다. 하지만 하지 않으면 더욱 어려운 상황에 빠질 수 있으니 해야 한다고 설득하고 보상하고 달래면서 해야 합니다. 빅 픽처를 꿈 모듈과 퍼즐 조각으로 작게 쪼개다 보면 모든 퍼즐 조각에 #진정으로바라는, #해야하는, #재미없지만, #흥미롭네, #보상있어, #이겨내기 등의 다양한 해시태그를 붙일 수 있습니다. 자신이 좋아하는 해시태그를 선정하고 그림에 제시된 것처럼 구분해 보는 것입니다. 그러면 자기 자신도, 두뇌도 즉각적으로 눈으로 확인하면서 서로 밀당하고 대화하고 소통할 수 있습니다.

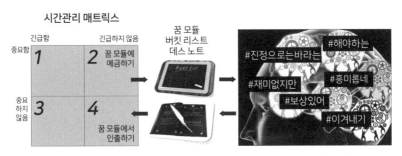

두뇌와 밀당하기 + 해시태그 붙이기 + 시간관리 매트릭스 활용하기

아무리 급해도 우물가에서 숭늉을 달라고 할 수 없습니다. 급한 마음에 모래로 성을 지으면 멋지게 보이지만 기초가 부실해서 곧 무너집니다. 쉽고 간단한 일만 하면 중요하고 긴급한 일을 놓치

게 됩니다. 그래서 모든 것에는 순서가 있다고 말합니다. 먼저 할 것, 나중에 할 것, 중요한 것과 덜 중요한 것을 구분하는 것이지요. 바로 시간관리 매트릭스를 다시 이용하는 것입니다. 시간 관리 매트릭스와 꿈 모듈, 해시태그가 붙은 퍼즐 조각들이 모두 연결되어야 합니다. 이미 여러분은 이러한 과정을 경험해왔습니다. 단지 눈으로 보며, 손으로 그리고, 두뇌와 밀당하는 과정을 힘들고 지치고 어렵다고 단정하고 피한 것입니다. 이제 두뇌와 자기 자신이 서로 밀당하기 위한 모든 준비를 마쳤습니다.

두뇌와 밀당하는 좋은 방법은 마음으로 대화하고 머릿속에서 성공과 실패를 상상하는 이미지 트레이닝입니다. 한국 양궁이 세계 최강인 이유는 축구장, 소음이 심한 관중 앞 등 극한 상황에서 끊임없는 연습을 수행하고 "잘 할 수 있다.!"라는 생각으로 마음속에서 끊임없이 상상했기 때문입니다. 만점을 받는 경우, 실수를 해서 경기에서 지는 경우를 모두 상상해 봅니다. 학생들이 시험이나 수행평가를 발표하기에 앞서 "잘 해보자, 잘 할 수 있어" 라고 마음을 잡는 것도 모두 이미지 트레이닝입니다. 생생하게 꿈꿔보며 상상의 나래를 펼쳐보는 것입니다. 실패했을 때의 어려움과 고난도 생각해 봅니다. "어떻게 하면 실패할까?" 라며 더 많은 실패를 상상하는 것도 재미있습니다. 현실에서는 실패를 더 줄일 수 있으니까요.

베트남 전쟁에서 포로가 된 제임스 네스맷은 감옥에서 유일하게 할 수 있는 풍부한 상상을 했습니다. 마음속에 골프장 18홀을 상상하고 자신이 티샷부터 마지막 18홀의 퍼팅까지 모두 생생하게 상상했습니다. 맑은 날씨, 악천후, 샷 난조와 슬럼프, 공을 잃어버리는 경우, 상대가 너무 잘해서 기가 질린 상황까지 모두 마음속에서 풍부하고 생생하게 상상했던 것입니다. 7년이 지난 후 네스맷이 풀려났을 때 그는 골프장을 찾았습니다. 7년의 포로 경험에 아무런 운동도 할 수 없었지만 첫 라운딩에서 그는 마치 프로처럼 경기를 했고 70타라는 기록을 세울 수 있었습니다. 마음속에서 이미 생생하게 이미지 트레이닝을 했기 때문에 두뇌는 더 이상 밀당을 할 필요도 없이 이미 익숙하고 일상적인 과정으로 인식하고 몸과 마음이 움직여 최고의 결과를 만든 것입니다.

큰 그림을 그리는 목표 설정 방법

학교에서 공부를 잘하거나 사회에 진출하여 성공했다는 평가를 받으며 행복한 삶을 사는 사람들의 비밀은 무엇일까요? 첫 번째 차이점은 인생의 구체적인 목표입니다. 두 번째 차이점은 구체적인 목표를 글로 쓰고 그림으로 그리고 머릿속에서 상상하여 두뇌와 밀당하며 계획을 실행하고 습관을 만들고 성공과 실패의 과정에서 지속적으로 학습하여 성공을 위한 징검다리를 하나씩 만들어 갔다는 점입니다. 예일대학교의 졸업생 3%만이 구체적인 인생 목표를 기록하고 실천하고 점검하여 목표를 기록하고 시각화 하지 않은 97%의 졸업생보다 더 높은 사회적 성공을 거두었습니다. 쓰면 이루어진다는 말이 있습니다. 마치 부적처럼 마법의 주문 같습니다. 바로 빅 픽처를 만들고 이를 꿈 모듈, 퍼즐 조각으로 만드는 것입니다. 영화배우 짐캐리는 자신이 꼭 성공하여 아버지에게 1천만 달러를 드리겠다는 목표를 세웠습니다. 그리고 가짜 수표를 항상 지니고 다녔습니다. 헐리우드에 진출하여 수많은 무명시절의 고통과 시련도 그 1천만달러 가짜 수표를 보며 마음을 잡고 노력했던 것입니다. 결국 배트맨포에버에 출연하며 출연료로 1천만 달러를 받았고 그 수표를 임종한 아버지의 관에 넣음으로써 약속을 지켰습니다.

세계에서 가장 부자인 빌 게이츠, 워렌 버핏, 아마존의 제프 베조스가 공통적으로 이야기하는 성공의 비밀은 바로 자신의 목표를 설정하고 생생하게 상상할 수 있도록 글과 그림으로 남기고 실행 가능한 아주 작은 단위로 쪼개어 실행하고 실패하고 점검하여 성장을 이루라는 것입니다. 그리고 다음의 말을 이어갔습니다. 누구나 빅 픽처를 달성하기 위해 성공과 실패를 경험하지만 그 상황에서 원인, 결과, 과정, 대응 방법을 어떻게 마주하고 준비하고 학습하는가에 따라서 그 다음의 성공과 실패의 확률이 달라진다는 것입니다. 학습하지 않고 실행하지 않는다면 기회조차 다가오지 않습니다. 빅 픽처를 세우지 않았다면 크고 원대한 꿈을 만들거나 작지만 자신에게 소중한 목표부터 설정하는 것이 현재와 미래를 만드는 첫 단추인 것입니다.

빅 픽처를 만든다는 것이 너무 막막할 수 있지만 학교에서 반장이나 회장에 출마한다면, 혹은 전교 학생회장에 출마한다면 어떻게 준비할까? 생각해볼 수 있습니다. 자신의 생각을 친구들에게 이야기하고 뜻이 맞는 친구들을 모으며 공약을 만들고 포스터를 제작합니다. 선거 유세를 위한 계획을 세우고 연설문을 만듭니다. 공약이 제대로 지켜질 수 있는지도 점검합니다. 친구들에게 표를 얻기 위하여 등교 길에 선거운동을 할 수 있습니다. 이처럼 학생 대표라는 빅 픽처를 그렸다면 구체적으로 다시 목표를 쪼개는 것입니다. 또한 쪼개진 작은 목표들은 반드시 큰 목표인 학생 대표가 되기 위한 목표가 되어야 합니다. 다음 달에 치를 지필 평가의 시간표가 발표되었다면 과목별로 혹은 과목의 난이도별로 시험공부 계획을 세우고 목표 점수를 생각해봅니다. 이전 수행평가 점수나 1차 지필 평가 점수 등도 다시 확인해 봅니다. 이렇게 작은 부분들이 모여 새로운 빅 픽처를 만들 수 있습니다. "이번 지필고사에서는 반드시 전교 1등을 하겠다."와 같이 작은 목표와 점검 사항들을 살펴보며 큰 빅 픽처를 만들 수도 있습니다. 큰 목표를 수립한 후에 작은 목표들로 쪼갤 수도 있고, 작은 목표들을 모아 큰 빅 픽처를 만들 수도 있는 것입니다.

빅 픽처와 작은 목표 혹은 아주 작은 퍼즐 조각이라도 모두 목표입니다. 이러한 목표들을 만들 때에는 공통적으로 점검해야 하는 사항들이 존재합니다. 목표가 구체적이고 성공, 실패가 명확하게 측정 가능한지, 현실적이고 달성하기 위한 기간이 정해져 있는지,

긍정적이고 도전적인지, 나를 성장시키고 현재와 미래를 바꾸기 위한 원대하고 멋진 꿈을 꿀 수 있도록 자극하는지를 살피는 것입니다. 목표 설정을 위한 방법은 SMART, EXACT, HARD 방법 등 다양합니다. SMART 목표 설정방법은 구체적인 목표, 측정 가능한 목표, 달성 가능하고 책임질 수 있는 목표, 현실적 목표, 목표 시간 정하기로 구성됩니다. EXACT 목표 설정 방법은 SMART와는 조금 다릅니다. 명백하고 생생한 목표, 흥미롭고 가치를 평가할 수 있는 목표, 도전적인 목표를 설정하라고 정의합니다. HARD 목표 설정 방법은 진심이 담긴 목표, 생생하고 간절한 목표, 어려운 목표를 설정하도록 이야기하고 있습니다.

SMART	EXACT	HARD
S(Specific)	EX(Explicit, Exciting)	H(Heartfelt)
M(Measurable)	A(Assessable)	A(Animated)
A(Attainable)	C(Challenging)	R(Required)
R(Realistic)	T(Time-related)	D(Difficult)
T(Time-related)		
구체적으로 측정 가능한 달성 가능한 현실적인 시간 제한	명백한 재미있는 가치를 평가하는 도전적인 시간 제한	진실이 담긴 생생한 간절한 어려운

목표 설정 방법 – SMART, EXACT, HARD 방법

다양한 목표 설정 방법들도 자신이 처한 상황이나 환경, 조건과 의지, 실행력 등에 따라 유연하게 적용해야 합니다. 변하지 않는 진리는 없습니다. 비행기가 선박이 악천후를 만났다면 항로를 변경하더라도 위기를 극복해야 합니다. 최적 경로를 알더라도 다양한 상황에 따라서 멀리 돌아갈 필요가 있습니다. 달성 가능한 목표라는 정의는 4차 산업혁명 시대에는 변경되어야 합니다. 스마트폰이 나오기 전까지는 어느 누구도 달성 가능한 목표라고 생각하지 않았습니다. 인공지능 알파고가 이창호 기사를 이기기 전까지는 인공지능의 발달은 상상하지 못했습니다. 하늘은 나는 택시, 드론이 택배를 배송하는 것조차 불가능하다고 생각했습니다. 축구 월드컵 경기에서 4강 이상은 불가능할 것이라는 생각은 U-20 청소년 대표팀이 여지없이 무너트렸습니다. 불가능한 목표도 시간이 지남에 따라 과학과 기술이 발전하고 융복합함에 따라 다양하게 변화할 수 있고 가능성이 더욱 높아질 수 있습니다. 이때에는 목표를 꿈 모듈에 잠시 저장해 두는 것입니다. 다빈치 노트처럼 차곡차곡 저장해두고 알맞은 시기에 다시 꺼내어 점검하여 현실로 옮겨오는 것입니다.

맛있는 사탕 10개가 있지만 3개만 선택해야 한다면 어떻게 해야 할까요? 다양한 방법이 있겠지만 가장 맛이 없다고 생각하는 것부터 제거하면서 최종적으로 남은 3개를 선택하면 어떨까요? 과거에는 "선택과 집중"이 생각과 행동의 중요한 기준이었습니다. 하지만 현재와 미래를 위해서는 잘못된 선택에 집중하기 보다는 실현 가능성이 가장 낮은 것부터 선택하여 꿈 모듈에 넣어두고 남은 목표들에 집중하는 "제거와 집중" 방법이 선호되고 있습니다. 현재 불가능하다고 판단되어도 차후에 가능할 수 있기 때문이지요. 워렌 버핏은 항상 여러 가지의 복합 문제에 직면했을 때 가장 실현 가능성이 낮은 것부터 제거하고 최종적으로 남은 목표들을 조금씩 지속적으로 실행하며 성공과 실패에서 학습한다고 말합니다. 잘못된 선택으로 위험을 감수하는 것이 아니라 성공 가능성이 높은 것부터 먼저 실행하고 경험하는 것입니다. 애플과 스티브 잡스의 성공 원동력도 무엇을 하는가가 아니라 무엇을 하지 않을 것인가를 먼저 생각했기 때문입니다.

목표 설정의 첫 시작은 명확하고 구체적으로 글로 남기고 그림으로 그려보는 것입니다. 시험을 잘 보겠다. 성공한 사람이 되겠다. 더 나은 세상을 만들겠다 등의 목표는 크고 원대한 목표이지만 이러한 목표에 질문의 골든 서클인 왜(Why?), 어떻게(How?), 무엇을(what?)을 연결하여 구체적으로 바꾸어야 합니다. 시험을 잘 보겠다는 목표보다는 국영수 평균 95점을 넘겠다. 내신 1등급을 받겠다. 어떤 대학과 전공을 공부하겠다는 식으로 표현해야 합니다. 구체적이지 않으면 생각하지 않고 행동하지 않으며 두뇌에게 더 이상 자극을 주지 않기 때문에 두뇌는 계속 편하고 쉬운 것만 하려 하며 두뇌와의 밀당에서 지게 되는 것입니다. 목표가 크고 원대하더라도 구체적인 목표와 구체적이지 않은 목표로 구분하여 구체적인 목표부터 실행하면 됩니다. 구체적이지 않은 목표는 꿈 모듈에 넣어 두고 시간을 갖고 다시 점검하여 다시 구체적인 목표와 꿈으로 구분할 수 있습니다.

국어 시험을 잘 봤다는 기준은 무엇일까요? 공부를 잘한다는 기준은요? 측정 기준이 없으면 평가하기 어렵습니다. 좋은 사람이 되겠다는 표현보다는 매일 먼저 인사하기, 1달에 최소 4번 봉사활동 하기, 작은 금액 기부하기 등으로 구체적인 목표를 세워야만 목표의 실행과 성공, 실패를 판단하고 그 과정과 결과에서 학습과 성장을 이룩할 수 있습니다. 학생들이 "열심히 했으니까 됐어." 라는 위안을 주고받습니다. "열심히"의 기준은 무엇일까요? 누구의 기준일까요? 단지 그 순간 마음의 위안을 받을 수 있지만 측정 가능한 목표로 말하지 않기 때문에 다음의 도전이 더 힘들고 어려워질 수 있습니다. 반 1등을 하겠다. 수학 문제집 1권을 모두 풀겠다. 인강을 3회 수강하겠다는 식으로 수치로 표현된 목표가 명확하고 단순하며 실행 의지를 자극할 수 있습니다.

달성 가능한 목표, 도전적인 목표, 불가능한 목표 역시 현재 시점에서 가능, 불가능을 판단하여 가능한 목표부터 먼저 실행해 보아야 합니다. 현재 시점에서 불가능한 목표는 꿈 모듈에 예금을 하고 자신의 지식, 경험이 성장함에 따라 또는 사회와 문화, 기술이 서로 융복합함에 따라 다시 판단해 보는 것입니다. 레오나르도 다빈치는

1만개의 불가능한 생각을 기록해서 다빈치 노트를 완성했습니다. 하지만 시간이 흘러 그의 대부분의 아이디어들이 현실에서 구현되었습니다. 4차 산업혁명 시대는 불가능을 이야기하지 않습니다. 단지 현재 시점에서 불확실하다고 이야기하고 가능성을 찾아가는 시대입니다. 하지만 이 과정에서 어렵게 만들어낸 아이디어를 버리지말고 새로운 수많은 지식, 기술, 학문, 경험과 연결하여 또 다른 가치를 만들어 내는 사람들이 성공의 기회를 얻게 되는 것입니다.

  죽기 전에 꼭 하고 싶은 것을 적은 목록이 버킷 리스트입니다. 살아 있는 동안 버킷 리스트를 하나씩 해보면서 또 다른 버킷 리스트들을 만들어 간다면 인생을 멋지고 행복하며 풍부하게 만들 것입니다. 목표는 시간이라는 조건이 항상 따라다닙니다. 시험 기간에 "1주일의 시간이 더 주어진다면……" 이라는 상상을 해보면 정말 신바람이 나지만 현실은 그렇지 않습니다. "10년만 젊었더라면……" 이라는 상상은 대부분 헛된 꿈으로 끝날 수 있습니다. 빅 픽처와 꿈 모듈, 퍼즐 조각들이 언제 이루어진다는 명확한 보장이 없습니다. 끊임없이 노력하고 가능성을 높이는 과정입니다. 단지 큰 목표를 작게 쪼개고 나누어진 목표에 시험 기간과 같이 시간제한을 부여하는 것입니다. 시험이 끝난 후에 1주일간 그 시험을 위한 공부를 하는 시험 성적에는 도움이 되지 않습니다. 시간을 정하지 않는다면 "시간도 많은데 나중에 하지 뭐." 라는 게으름과 자기 위로를 만들어 내고 결국 두뇌와의 밀당에서 지고 마는 것입니다. 자기만족과 위로로 애써 상황을 피해야 할까요? 실행하고 실패하여 학습하는 성장의 과정을 거쳐야 할까요? 이 또한 자기 스스로 선택하고 결과에 따른 책임을 져야 하는 것입니다.

목표를 설정할 때에는 크고 원대한 목표라도 재미있고 흥미를 유발한다면 그 자체로 즐겁고 신이 나며 하고 싶은 욕구가 만들어집니다. 하기 싫은 일을 억지로 할 때와는 완전히 다른 자신의 모습을 발견하게 됩니다. 따라서 모든 목표에는 해시태그를 붙여 구분해야 합니다. 너무 많은 목표들이 하기 싫지만 반드시 해야 한다면 그 중간에 흥미 있고 재미있는 목표들을 넣어 두뇌와 밀당을 하는 것입니다. 학생들이 공부를 할 때에도 국어를 다 끝낸 후에 영어, 수학을 공부하지 않습니다. 자신 있는 과목을 공부하면서 힘들거나 자신 없는 과목을 중간에 끼워 넣어 두뇌에게 밀당을 시도하고 달래며 소통하는 것입니다.

숨쉬기, 식은 죽 먹기처럼 너무 쉽고 간단하게 해결할 수 있는 문제라면 목표로서 가치를 찾기 어렵습니다. 언제라도 할 수 있다는 생각에 하지 않거나 미룰 수 있으며 해도 그만, 안 해도 그만이라는 생각을 하게 됩니다. 반면 어렵고 도전적인 목표는 "한번 해보자. 실패해도 배울 것이 있을 거야." 라는 생각으로 도전의식을 자극합니다. "나라고 못할 것 같아?"라는 자신감도 생성됩니다. 하지만 너무 크고 어려운 목표는 작게 쪼개지 않는다면 금방 싫증나고 지치게 됩니다. 역시 자기 자신과 두뇌가 밀당을 해야 하는 것입니다.

목표는 진심이 담겨있고 간절하게 바라는 항목들이 포함되어야 합니다. 목표를 이룬 후에 자신의 변화된 모습과 처지, 환경을 꿈꿀 수 있어야 합니다. 현재의 모습보다 더 나은 자신과 세상을 꿈꾸는 사람은 현재에서 불편함을 찾아 개선하고 혁신을 만들며 다른 사람들과 연결하여 더 큰 꿈을 만들 수 있습니다. 진정으로 바라지 않는다면 한여름 밤의 꿈으로 끝나게 됩니다. 왜 해야 하는지 이유를 찾지 못했기에 마음도 몸도 두뇌도 움직이려 하지 않게 됩니다. 간절함이 없다면 목표를 원하지 않게 되고 생각하지 않고 행동하지 않기에 결코 습관이 만들어 지지 않습니다. 습관이 머릿속에서 각인되지 않습니다. 한 순간의 자극으로 "이번만 잘 참으면 되겠지." 라며 스스로 위로할 뿐입니다.

미국과 유럽, 일본에서는 목표를 수립할 때 반드시 크고 원대하며 머리털이 곤두설 정도로 두렵고 도전적인 목표를 뜻하는 BHAG(Big, Hairy, Audacious, Goal) 목표를 포함할 것을 강조합니다. 너무 쉽거나 평이한 목표 보다는 BHAG 목표를 통해 자신을 점검하고 새로운 자극과 동기를 부여하고 성장하고자 하는 의욕을 북돋기 때문입니다. 세상을 바꾸자, 더 나은 세상을 만들기 위해 해적이 되자, 세계 1등이 된다 등이 BHAG 목표입니다. BHAG 목표를 강조하는 또 다른 이유는 현재와 미래 사회의 핵심 키워드가 협업을 통한 창조이기 때문입니다. 작고 쉬운 목표는 혼자서도 계획과 실행, 점검과 학습이 가능합니다. 하지만 크고 원대한 목표는 혼자서 할 수 없습니다. 타인과 조직, 집단, 사회와 국가, 산업의 영향을 받고 시간의 제약도 있게 됩니다. 세상의 수많은 지식과 경험을 모두 독식할 수도 없습니다. 인공지능과 빅데이터, 로봇과 사물인터넷의 힘으로 상상하는 모든 것이 현실이 되며 새로운 경험과 가치가 만들어지고 있습니다. 4차 산업혁명을 이끄는 인공지능, 빅데이터, 로봇과 사물인터넷 기술도 모두 세상의 수많은 엔지니어와 기술이 공개되고 연결되어 집단 지성의 힘으로 새롭게 창조된 결과물입니다. BHAG 목표를 수립하고 소통과 협업, 융합과 복합으로 목표를 만들고 수정하고 점검하며 다듬어 가야 할 시간이 도래한 것입니다.

Secret 5

완벽한 성장형 공부법으로
무한 성장하라

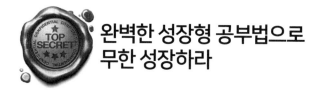

완벽한 성장형 공부법으로 무한 성장하라

나를 알아보자. SWOT 분석 – 나를 알아가는 첫 단계

새 학년이 시작되거나 중학교, 고등학교에 진학하게 되면 새로 만나는 친구와 담임선생님, 과목별 선생님에 대해 알아보려 합니다. 친구들과 소통을 시작하고 장점과 단점을 파악하기도 합니다. 이야기와 행동을 통해 그 친구의 생각을 예측할 수도 있고 나름대로 친구의 모습을 정의합니다. 학급과 선생님, 학교의 이미지도 점차 알아가면서 특징을 찾아낼 수 있습니다. 인생의 주인은 여러분 자신이라고 했습니다. 빅 픽처를 그리고 퍼즐 조각을 만들어 계획하고 실행하며 학습하는 주체도 자기 자신입니다. 메타 인지를 통해 자신이 아는 것과 모르는 것을 구분하고 모르는 것을 배우고 성장하기 위한 용기와 성장형 마인드셋으로 현재와 미래를 준비합니다. 지피지기 백전백승, 수신제가 치국평천하 등과 같이 모든 생각과 행동의 기준은 자기 자신이지만 지금 얼마나 상세하게 자기 자신을 알고 있을까요? 자신의 강점과 약점은 무엇일까요?

STREANTH (강점)	**W**EAKNESSES (약점)
OPPORTUNITY (기회)	**T**HREAT (위협)

SWOT 분석표 – 강점, 약점, 기회, 위협

학생이 공부를 잘하고 우수한 성적을 얻는 비결은 자기 자신을 정확하게 파악하고 자신의 강점을 더욱 성장시키고 약점을 찾아 보완하고 학습하는 과정을 꾸준히 실행한 것입니다. 이를 "학습력"이라고 합니다. 학습력은 현재와 미래를 준비하는 평생 학습까지 꾸준히 지속되고 성장해야 합니다. 결국 자신에게 가장 적합한 성장형 공부법을 스스로 만들어야 하는 것입니다. 학교에서 자기주도 학습이라고 말하는 내용이 바로 완벽한 성장형 공부법을 의미하는 것입니다.

학습과 공부의 주체, 주인은 바로 자기 자신이기에 자신을 정확하게 분석하고 강점과 약점을 파악해야만 그에 따른 적합한 학습과 공부를 진행하여 원하는 성과를 얻을 수 있습니다. 자신의 강점과 약점, 현재와 미래의 위기와 기회를 살펴봄으로써 무엇을 공부하고 어떻게 공부하며 왜 공부하고 학습하는지를 효과적으로 준비하고 대응할 수 있습니다. 스왓(SWOT) 분석은 강점, 약점, 위기, 기회를 한 눈에 볼 수 있도록 정리한 도표입니다.

　스왓 분석의 첫 번째는 강점 확인하기 입니다. 자신의 강점과 장점을 기록합니다. 두 번째는 약점입니다. 취약한 부분과 개선해야 할 사항을 분석합니다. 기회 부분에는 현재 상황에서 획득할 수 있는 기회와 조금 더 노력하고 실행하여 나의 장점으로 만들 수 있는 요인들을 기록하며 위협 부분에서는 현재와 미래에 불확실성으로 존재하는 요소들을 기록합니다. 완성된 스왓 분석표는 항상 눈으로 확인하고 두뇌에 자극을 줄 수 있도록 명확하게 간결하게, 정확하게 기록해야 하며 주기적으로 점검하여 변동 사항이 있는지를 검토하고 새롭게 작성해야 합니다. 학생이라면 입시와 진학, 진로 선정 등이 자신의 빅 픽처가 될 수 있습니다. 빅 픽처를 실행하는 첫 시작은 자기 자신의 현재 역량을 정확하게 분석하고 그에 맞는 계획을 수립하고 실행하는 것입니다. 현재를 점검하고 미래를 준비하는 첫 시작은 바로 자기 자신을 아는 스왓 분석에서 출발하며 점검과 학습으로 성장시켜야 하는 것입니다. 아무리 정확한 분석을 했더라도 이후 실행과 점검, 학습과 성장이 없다면 죽은 학습과 노력을 한 것입니다.

STREANTH (강점)	**W**EAKNESSES (약점)
+ 내신 : 국어, 영어, 수학, 과학 1등급 + 모의고사 : 안정적 1등급 및 290/300 점수 확보 + 수학, 과학 경시대회 수상 경험 + 높은 집중력, 절대 공부시간 확보 + 이해력, 논리적으로 글 읽기 능력 확보 + 선생님, 교우 관계 우수	+ 내신 : 사회, 한국사 2등급 + 모의고사 : 통합사회 모의고사 미경험 + 1회독 공부 시간이 많이 걸림 + 과학 논술, 수학 논술시험 미 대비 + 자소서, 학생부 기록 방법 익숙하지 않음 + 전공 체험 학습 부족
OPPORTUNITY (기회)	**T**HREAT (위협)

+ 정시, 비율에 대하여 정시 비율 높아질
   가능성 있음
+ 희망 대학에 수학, 과학 반영 비율 높음
+ 영어 절대평가로 학습량을 타 과목으로 배분
+ 독서 포트폴리오 작성 방법 학습 중,
   독서활동 향상 기대
	+ 2015 개정 교육과정 반영 세대로
	   내신 vs 수능 차이 발생
	+ 수학 기하 항목 제외로 변별력 작아짐
	+ 2019 과학탐구 교과서 변경으로 선행 인강 없음
	+ 학교의 비교과활동 많고 행사로 시간을 많이 빼앗김
	+ 학교 수업만으로 수능 대비 부족함

고등학생의 학습 SWOT 분석 최강공부법

　　때론 자신이 작성한 스왓 분석이 정확하고 공정하게 평가되었는지 알 수 없을 때가 있습니다. 이런 경우에는 EBS나 워크넷과 같은 기관에서 실시하는 다양한 표준화 심리 검사, 청소년 심리 검사, 역량 검사 등의 서비스를 이용하여 얻은 결과물과 자신이 작성한 스왓 분석표를 비교하여 자신이 생각하는 모습과 외부에서 평가하는 모습이 얼마나 비슷한지 다른 점과 차이점은 무엇인지를 판단할 수 있습니다. 가까운 친구들과 서로 스왓 분석을 실시하여 자신이 생각하는 부분과 타인이 생각하고 관찰한 모습에 다른 점과 차이점은 없는지를 살펴보는 것도 좋은 방법입니다.

학습 능력 측정 – 나의 학습 능력을 점검하고 보완하여 성장시킨다

자신의 현재와 미래를 바꾸고 만들기 위해서는 역량을 갖추어야 하며 역량도 학습으로 성장할 수 있습니다. 하지만 자신의 학습 능력을 정확하게 파악하지 못한다면 잘못된 목표나 현실성 없는 목표로 이내 지치고 싫증을 내게 됩니다. 바로 두뇌와의 밀당에서 지게 되는 것입니다. 똑같은 노력을 하더라도 어떤 친구는 하루에 2~3시간 공부하고 운동, 독서, 취미 생활과 인스타, 페북 등 소셜 미디어와 블로그를 운영합니다. 다른 친구는 매일 18시간씩 공부를 하며 플래너와 스터디 타이머, 공스타그램에 인증을 올리지만 성적은 향상되지 않고 언제나 중하위권을 유지합니다. 자신의 현재 학습 능력을 측정하여 다름과 차이를 인정하지 않고 타고난 지능 지수와 환경, 배경 등을 탓하게 됩니다. 동일한 한 시간이 주어지더라도 학생들은 서로 학습 능력이 다르기 때문에 학습한 분량과 결과, 내용의 활용과 기억이 모두 다르게 나타나게 됩니다.

읽기 능력을 측정하고 강화하라

매년 수능시험이 시행되면 가장 큰 화두가 되는 것이 바로 국어 시험, 특히 비문학 문제입니다. 제한된 시간에 다양한 복합 지문을 읽고 보기에서 제시된 조건에 따라 읽은 내용에서 맥락을 파악하여 선택지에서 정답을 찾아야 합니다. 매년 문제의 길이와 난이도가 높아져 핵수능, 불수능을 만들며 수많은 학생들을 좌절시킵니다. 영어 어떤 의미에서 여러분이 만들어 내는 모든 등장인물들은 여러분 자신이 될 것이다. 여러분이 결코 살인을 한 적이 없었자면, 여러분 자신의 극단적인 분노에 대한 기억으로부터 살인자의 격노가 도출될 것이다. 여러분이 만들어낸 사랑의 장면은 여러분 자신의 과거의 키스와 달콤한 순간들에 대한 단서들을 포함할 것이다. 비록 그 상황이 완전히 다르고, 여러분은 중학교 시절에 대해서 의식적으로 생각하지도 않고 있다고 하더라도, 여러분이 만들어낸 장면에서 80대의 사람이 느끼는 굴욕감은 여러분이 중학교 2학년 때 느꼈던 굴욕의 경험에서 이끌어낸 것일 것이다. 어쨌든, 우리가 만들어낸 등장인물들의 감정은 우리 자신의 감정에서 이끌어낸 것이다. 하지만 때로 여러분은 실제 사건들을 각색하여, 여러분의 인생을 여러분의 소설에 더 직접적으로 사용하기를 원할 것이다. Charles Dickens는 *David Copperfield*를 쓰기 위해 빅토리아 시대 영국에서 미성년 노동자로서의 자신의 절망적인 경험을 사용했다. 여러분 자신을 직접적으로 바탕으로 하는 주인공을 만들어내야 할까? 이것의 문제점은—그리고 그것은 매우 큰 문제점이다—거의 어느 누구도 페이지에서 자기 자신을 객관적으로 볼 수 없다는 것이다. 작가로서 여러분은 여러분 자신의 복잡한 구성에 너무나 가까이 있다. 그래서 여러분 인생의 상황이나 사건을 사용하되 그것을 여러분 자신이 아닌 등장인물에게 일어나게 하는 것이 더 쉽고 더 효과적일 수 있다. 사실은, 그것이 작가들이 주로 해 온 것이다. 물론 여러분은 여전히 여러분 자신의 측면들, 즉 베토벤에 대한 사랑, 급한 성격, 축구에서 입은 부상과 같은 것들을 포함시킬 수 있다. 하지만 여러분 자신의 경험을 다른 주인공에게 적용함으로써, 여러분은 그 상황에 대한 내부자로서의 지식을 이용하지만, 그러면서도 원래의 극심한 상황에서는 당연히 존재하지 않았던 객관성과 통제를 얻을 수 있다.

2018년도 수능 영어 시험 41~42번 문제 한글 번역, 최강공부법

시험도 역시 읽기 능력을 측정합니다. 심지어 일부 학생들은 한글로 해석된 문장조차 읽고 맥락을 올바르게 파악하지 못하여 어려움을 호소합니다. 지난 2018년도 수능 영어 41~42번 문제의 정답은 "객관적으로" 입니다. 하지만 이 지문을 한글로 번역한 후 학생들에게 제시했을 때에도 정답률이 높지 않았습니다. 읽기 능력이 뒷받침 되지 않았기에 국어, 영어 및 다른 과목에서도 지문 분석과 선택지에서의 오답을 올바르게 고르지 못한 것입니다. 단순히 읽고 정답을 찾아내는 능력이 아니라 읽고 분석하고 새로운 기준을 적용하여 추론하는 능력이 부족한 것입니다.

세상의 모든 정보는 언어로 표현되며 글로 전달됩니다. 학습과 공부는 이러한 글을 읽고 뜻과 의도를 파악하고 문제에서 제시된 기준으로 새롭게 해석하여 맥락을 찾는 과정입니다. 읽기 능력이 부족하다면 수많은 시험에서 지문 분석과 문제 해석에 어려움을 겪습니다. 사회에 진출해서도 수많은 세상의 지식과 경험을 읽고 복합적인 문제를 해결함에 있어서 어려움을 겪게 됩니다. 읽고 이해하고 분석하고 추론하는 능력이 부족하니 남들보다 더 많은 시간이 요구되고 수많은 정보에서 맥락을 찾아 새로운 가치와 경험을 만들기가 어려워지는 것입니다. 다양한 정보에서 맥락을 찾고 자신에게 알맞은 데이터를 선별하기도 어려워지는 것입니다. 학습과 공부의 시작은 읽기 능력입니다. 속독이 아니라 읽고 의미를 파악하는 리터러시 역량입니다. 자신의 읽기 능력을 측정하여 부족한 부분을 찾아 강화하는 학습과 훈련으로 학습 능력을 성장시켜야 합니다.

쓰기 능력을 측정하고 강화하라

학습 능력 측정의 또 다른 요소는 쓰기 능력입니다. 쓰기 능력은 자신의 생각을 정리하고 읽는 사람에게 공감을 얻어야 합니다. 학생들이 가장 어려워하는 서술형, 논술형 시험 문제의 경우 평소 쓰기 능력 강화를 위한 훈련을 올바르게 하지 못했기 때문입니다. 단답형, 서술형, 논술형 시험에서의 쓰기 능력은 정답이 존재하는 상황에서 핵심 키워드, 핵심 표현이 잘 표현되었는지 살펴봅니다. 대학 입학에서의 논술 시험도 읽기 능력에 기반을 두어 주어진 조건에 맞추어 생각을 다시 정리하고 추론하여 자신의 의견을 진술해야 합니다. 훈련과 연습 없이 무턱대고 자신의 생각을 표현한다면 시험이 아니겠지요. 시험을 대비한 쓰기 능력은 문제의 의도, 목적, 원하는 답을 생각하며 쓰기 연습을 해야 합니다.

중고등 학생들이 가장 어려워하는 쓰기 능력은 학생부의 자소서입니다. 평소 쓰기 능력에 대한 훈련과 연습 없이 고3이 되어 짧은 시간에 쓰려다 보니 생각의 정리가 되지 않고 전반적인 이야기 흐름인 "스토리"를 녹여내지 못하여 다양한 질문에 중복적인 답을 제시하거나 단답형 답을 제시하여 자신을 올바르게 드러내지 못하는 문제점을 발생하게 됩니다. 대학생, 취업 준비생도 입사를 위한 자기소개서 작성에 가장 큰 어려움을 겪습니다. 평소 자신만의 스토리, 입사를 원하는 회사의 인재상, 비전과 미션, 직무에 대한 준비가 소홀했기 때문입니다. 점차 주관식, 서술형, 논술형의 비중이 증가하고 있으며 유럽과 일본의 입사 방식인 바칼로레아 논술 시험도 논의되고 있습니다. 4차 산업혁명 시대를 살아가는 청소년, 성인에게 요구되는 미래 역량도 문장을 읽고 맥락을 파악하여 가치를 발굴하는 문해력, 리터러시 역량입니다. 읽기 능력, 쓰기 능력은 평생 학습을 위한 기본 요소이기에 자신의 현재 수준을 진단하고 성장시킬 계획을 수립하여 점진적 개선과 훈련, 학습을 진행해야 합니다.

복습 능력을 측정하고 강화하라

학교 수업을 잘 듣고 노트 필기, 자습서, 문제집도 꾸준히 풀고 인터넷 강의도 들었는데 왜 시험 성적이 좋지 않을까요? 1시간을 열심히 공부했음에도 공부한 내용이 잘 기억나지 않는 경험이 있나요? 이상하게도 특정 과목은 도무지 공부를 해도 성적이 오르지 않습니다. 많은 학생들이 비슷한 경험과 고통을 말합니다. 공부를 했음에도 사람마다 기억과 이해, 추론 능력에서 차이가 발생하기 때문에 자신이 무엇을 알고, 무엇을 모르는지 주기적인 점검과 반복 학습 즉, 복습이 필요합니다. 또한 인간의 두뇌는 기본적으로 망각 프로세스를 갖고 있기에 주기적으로 두뇌에 자극을 주는 복습 활동을 하지 않으면 잠깐 기억하고 마는 단기 기억에서 장기 기억으로 전환되지 않는 것입니다.

새로운 것을 학습하는 것도 중요하지만 학습한 내용을 오랫동안 기억하고 필요한 상황에서 기억하고 활용하며 또 다른 내용을 학습할 때 과거에 학습했던 내용과 연결하여 익숙함을 만들어내는 능력이 학습과 공부를 잘하는 방법입니다. 이를 위해 꾸준한 복습과 반복 학습으로 자신을 점검하고 두뇌를 자극해야 하는 것이지요. 이를 위해서 다양한 복습 방법이 있지만 가장 선호되고 효과가 높은 복습 능력 강화 방법은 "백지 복습"입니다. 가장 학습효과가 높은 가르치기처럼 자신이 선생님이 되어 백지에 강의 내용을 기록하고 설명해 보는 것입니다. 이 과정에서 자신이 알고 있는 것, 기억하는 것,

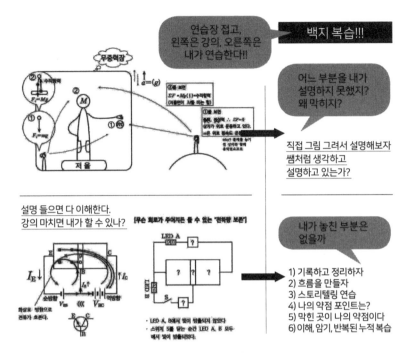

고등학생의 백지 복습 사례 최강공부법

모르는 것, 기억하지 못하는 부분이 모두 드러납니다. 이를 토대로 다시 약점에 대한 학습을 진행해야 하는 것입니다. 아는 척하고 위안을 삼지 말고 힘들지만 알고, 이해하고, 기억하고 다음으로 전진하는 것입니다.

심화 학습 - 아는 것을 연결하고 확장하라

학생들은 학교에서 각 과목별로 개념, 기본 문제풀이, 고난도 문제풀이, 심화 학습 등으로 학습을 진행하고 성장시킵니다. 하지만 일부 학생들은 심화 학습이 필요한 것인지 의문을 갖습니다. 힘들고 어렵고 다양한 개념을 연결해야 하기 때문입니다. 쉽게 풀리지 않고 이제까지 공부한 특정 유형, 공식에 들어맞지 않습니다. 공부와 학습은 개념을 배우고 익히는 과정이지만 그 내용을 자신의 것으로 만들고 활용하기 위해서는 다양한 개념의 연결과 융합, 복합 과정의 시간을 거쳐야 합니다. 점들이 모여 선을 이루고 면을 만들고 입체 도형을 구성하게 됩니다. 심화 학습을 한다는 것은 답이 정해지지 않은 수많은 복합 문제를 직면했을 때 문제를 정의하고 맥락을 파악하며 다양한 개념과 상상력을 발휘하기 위한 연습과 훈련 과정입니다. 서로 연관성이 없어 보이는 다양한 점들을 엮는 과정입니다. 예측하지 못하는 상황에서 다양한 개념과 경험을 상기시키고 도전해보는 과정입니다.

인공지능은 전자공학에서 발달되고 파생된 학문과 기술입니다. 빅데이터는 수학, 통계학에서 시작된 학문입니다. 로봇은 기계공학과 전자공학에서 발달되었지만 인공지능, 빅데이터, 클라우드 기술과 연결되고 두뇌 공학, 인지 공학, 생체 모방 기술, 자연 모사 기술 등과 융복합하여 새로운 가치를 만들어내고 있습니다. 4차 산업혁명의 시대는 초연결, 융복합의 시대입니다. 정해진 답이 존재하지 않고 다양하게 연결하고 진화하며 성장합니다. 또 다른 복합 문제를 만들어 내고 새로운 경험과 가치를 창출합니다. 세상의 수 많은 창조는 기존의 지식과 경험을 연결하여 새로움을 추구한 결과물입니다. 심화 학습은 단순히 어려운 수학 문제, 여러 개의 개념이 복합되고 풀이와 계산 과정이 복잡한 문제만을 의미하지 않습니다. 자신이 배운 학문과 경험, 타인의 경험과 지식, 지혜에 연결하고 융복합하여 새로운 가치를 찾는 과정입니다. 공부와 학습에서 깊게 공부하고 다양하게 연결시키려는 열린 마음으로 학습하고 학습을 확장시켜야 하는 것입니다.

심화 학습은 깊게 공부하고 다양한 분야로 연결하는 용기와 실천을 요구합니다. 그 과정에서 또다시 자신의 부족함을 인식하고 새로운 학습과 성장의 계기를 찾을 수 있습니다. 인문계, 자연계, 문과 이과의 구분도 없습니다. 경계를 무너트리고 기존의 가치, 관점, 신념에 질문의 골든 서클인 왜(Why?), 어떻게(How?), 무엇(What?) 질문을 반복적으로 적용하여 한 단계 더 깊고 넓은 생각으로 연결하는 것입니다. 또한 심화 학습은 다양한 경험을 제공합니다. 낯선 환경, 처음 접해보는 복합 문제, 불확실성의 세계에서도 익숙한 경험이 존재함을 발견하여 "할 수 있다, 해보겠다"는 욕구와 도전 정신이 다시 생성됩니다. 심화 학습은 다양성을 수용하고 다름을 인정하며 협업을 강화시킵니다. 지속적으로 두뇌와 밀당을 하며 자신을 성장시키는 원동력이 될 수 있습니다. 어렵고 지루하지만 미래에 직면할 복합 문제를 먼저 경험하고 준비하려는 성장형 마인드셋으로 의미와 가치를 찾을 수 있습니다.

시각화 능력, 두뇌 자극 능력

학습 능력을 좌우하는 또 다른 요소는 시각화 능력과 두뇌 자극 능력입니다. 학습 능력이 우수한 학생들은 학교 수업, 자습, 독학의 과정에서 노트 필기에도 다양한 시각화 능력을 발휘합니다. 전체 노트를 몇 개의 구역으로 나누고 날짜, 제목, 주제, 핵심 키워드, 관련 질문, 수업 내용과 요약 등을 한 눈에 보기 쉽게 정리합니다. 포스트잇이나 형광펜을 이용하여 중요한 부분에 밑줄을 긋고 추가적인 정보를 기록하기도 합니다. 타인에게 보여주려는 목적이 아니라 자기 자신의 학습 내용을 정리하고 글과 그림, 도형으로 나타내어 다음 번 복습과 반복 시간에 오감을 자극하고 두뇌에게 더욱 빠르게 기억의 효과를 유발하기 때문입니다. 일부 학생들은 자신이 작성한 노트 필기마저 이해하지 못하는 경우가 많습니다. 예쁘고 화려한 노트 필기가 필요한 것이 아니라 전달되는 정보를 빠짐없이 기록하고 수업 중 생각나는 질문이나 강조 사항을 놓치지 않아야 하는 것입니다. 이후 복습 시간에는 요약 부분에 필기 내용을 이해하고 요약하며 키워드를 뽑아 형광펜으로 마킹하여 핵심 단서와 비핵심 단서를 구분할 수 있습니다.

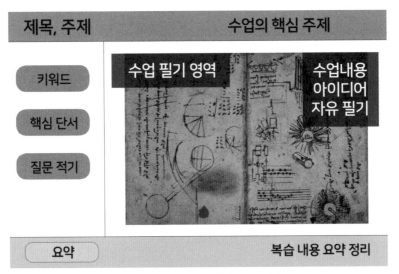

학교 수업 내용의 코넬식 노트 정리

시각화 능력도 연습과 훈련이 필요하며 노력에 따라 능력이 향상될 수 있습니다. 또한 노트 필기는 수업 중 들리는 정보, 눈으로 보는 시각 정보, 머릿속에서의 기억, 연상, 추론, 손으로 쓰고 정리하는 과정까지 다양한 감각 기관과 두뇌가 제한된 시간에 빠르게 움직이는 종합 예술입니다. 듣고 기록하며 이해하고 시각화하는 실시간 활동입니다. 일부 학생들은 노트 필기 속도가 떨어지거나 노트 필기를 충실히 했음에도 수업 종료 후 무엇을 배웠는지 기억하거나 이해하지 못하는 경우가 있습니다. 이러한 현상은 듣고 기록하는 역량까지는 학습과 훈련이 되었지만 동시에 두뇌를 자극하여 실시간으로 맥락을 이해하는 역량 개발이 부족한 것입니다. 역시 학습과 훈련이 부족했기 때문입니다.

대학생, 직장인들은 중요한 미팅, 회의에서 녹음을 하고 미팅 후에 중요한 사항이 누락되지 않았는지 회의록과 비교하여 보완하기도 합니다. 하지만 수많은 대화와 커뮤니케이션, 미팅과 회의를 녹음하는 것은 두 배 이상의 시간과 노력이 필요하게 됩니다. 결국 가장 중요한 것은 실시간으로 듣고 이해하고 추론하고 연상하여 맥락을 파악할 수 있도록 시각화 능력과 두뇌 자극 능력을 평소에 꾸준히 학습하고 강화해야 한다는 사실입니다. 시각화 능력과 두뇌 자극 능력을 강화하는 방법으로는 인터넷 강의를 이용하여 5분~10분 정도 강의를 들으며 노트 필기를 하고 머릿속으로 이해한 후에 다시 인터넷 강의를 듣고 재확인 해보는 것입니다. 백지 복습과 유사한 방법입니다. 하지만 이 훈련이 지속되어야만 충분한 노트 필기 시간을 제공하지 않는 모든 수업과 대화, 각종 실시간 커뮤니케이션에서 충분히 시각화, 두뇌 자극을 활용하여 의미와 맥락 파악을 넘어 자신의 의견을 제시하고 전체 내용을 종합하며 새로운 가치를 부여한 생각을 만들어 낼 수 있습니다. 이 과정이 바로 학습과 이해, 추론을 위한 올바른 학습 방법입니다.

말하기 능력 – 준비하지 않으면 할 말이 없다

말을 잘한다는 것, 발표를 잘하고 대화를 이끌어 가며 다양한 의견을 듣고 정리하여 요약할 수 있는 능력도 학습 능력의 한 요소입니다. 협업이 강조되는 4차 산업혁명의 시대에 공감과 경청, 커뮤니케이션의 기본은 자신을 올바르게 표현하는 말하기 능력이기 때문입니다. 말을 잘한다는 것은 무엇일까요? 공감과 경청으로 자신을 올바르게 표현하고 협업과 소통, 협력이 가능할까요? 말을 하기 위해서는 머릿속에 떠오르는 복잡한 생각들을 정리해야 합니다. 할 말이 없다면 무엇을 말할 것인지 이야기 재료를 찾아야 합니다. 이야기를 잘한다 싶었는데 옆길로 새기도 합니다. 누가 특정 질문이나 새로운 주제를 언급하면 이내 그쪽으로 휩쓸리기도 합니다. 모두 말하기 위한 생각과 이야기의 흐름이 정리되지 않았기 때문입니다.

말하기 능력은 대화와 발표로 구분할 수 있습니다. 대화 능력은 관심과 관찰, 질문, 경청과 공감 능력이 요구됩니다. 관심을 갖고 대화 상대를 관찰해야 대화의 소재가 만들어 집니다. 관찰을 해야만 궁금한 것이 생깁니다. 그래서 질문을 하여 대화를 시작하고 유지하는 것입니다. 답변을 얻으면 계속 꼬리에 꼬리를 무는 질문과 공감, 경청으로 생각과 마음을 나누어야 합니다. 발표를 어렵게 생각하는 학생들이 많습니다. 하지만 발표는 사전에 말하고자 하는 주제와 내용을 준비할 수 있고 생각을 더욱 명확하고 간결하게 생생하게 정리할 수 있습니다. 그래서 발표 전에 원고를 준비하고 발표 연습을 하는 것입니다. 발표 능력을 갖추기 위해서는 발표 주제를 사전에 학습하고 충분한 시간을 갖고 연습해야 합니다. 자기가 의도한 생각과 의미, 표현과 강조할 부분이 올바르게 전달되는지를 확인하고 점검합니다. 또한 자신의 이야기를 들어줄 대상인 청중을 미리 파악하고 듣는 사람의 눈높이에 맞추어 이야기해야 합니다. 급하거나 서둘지 않고 침착하고 편안한 마음으로 친근하게 다가서야 합니다. 하지만 당당하고 자신감 있는 태도와 공감하고 소통하는 마음과 표정의 전달을 꾸준히 연습해야 하는 것입니다.

독서 - 나를 성장시키고 세상에 연결하는 힘

남아수독오거서(男兒須讀 五車書)라는 말은 사람은 모름지기 다섯 수레의 책을 읽어야 한다는 뜻입니다. 옛날에 책은 대나무로 만든 죽간의 형태였기에 현재로 생각한다면 대략 3천권의 책을 읽어야 한다고 이야기합니다. 인문학적 소양이 부족한 현대인들에게 문사철이라고 해서 문학, 역사, 철학 등 인문학 관련 서적 읽기 운동이 진행되기도 했습니다. 청소년을 제외하면 성인들은 월 평균 1권의 책도 읽지 않는다고 합니다. 미국과 일본의 성인들이 월 평균 6~7권의 책을 읽는 것에 비하면 너무 낮은 수치입니다. 사람은 책을 만들지만 책은 참된 사람을 만들어 줍니다. 책은 단순한 정보의 전달을 넘어 다양한 경험을 제공하며 생각할 시간을 선물해 줍니다. 과거와 현재, 미래를 연결하는 징검다리를 만들어 생각을 확장 시킵니다. 완벽한 성장형 공부법을 위한 독서는 "목적 있는 독서"입니다. 많은 책을 읽는 다독도 중요하지만 목적 있는 독서는 자기가 관심을 갖는 분야에서 깊은 독서를 진행하고 연관된 분야로 확장, 진화하는 독서, 관심이 없었던 분야를 새롭게 공부하고자 하는 넓은 독서를 의미합니다.

목적 있는 독서는 수많은 정보와 생각의 점을 연결하여 새로운 맥락과 가치를 찾고 자신의 생각과 경험, 가치를 지속적으로 성장시키는 효과적인 평생 학습의 도구입니다.

　인공지능, 빅데이터, 소셜 미디어에서 수많은 정보가 생성되지만 이러한 데이터에서 가치와 의미를 찾고 맥락을 이해하여 새로운 기회를 발굴하는 역량은 기계와 인공지능이 대체할 수 없는 인간의 역량입니다. 목적 있는 독서도 이와 같습니다. 전 세계의 수많은 책에서 자신이 원하는 정보와 지혜, 경험과 가치를 찾고 다양한 분야로 연결하며 타인의 지혜와 경험을 나의 것으로 연결하고 확장하여 성장하는 것입니다. 타인의 두뇌와 경험, 시간을 이용하는 것입니다. 하루 종일 학교, 학원, 집을 오가며 공부하는 학생들은 주말에도 편히 쉴 수 없습니다. 치열한 입시 경쟁을 준비해야 합니다. 그럼에도 봉사활동, 창의적 체험 활동, 비교과 활동, 동아리와 수행평가로 어려움을 겪습니다. 리더십을 표현하기 위하여 학교의 학급 임원 선출과 학생회의 경쟁률이 날로 치솟고 있습니다. 학생회장, 동아리 임원이 되지 못했다고 리더십이 없는 것일까요? 현장에서 직접 봉사활동을 하지 못했다고 봉사심이 없는 것일까요? 독서는 대리 경험을 제공해줍니다. 이를 통해 더 많은 사색의 시간을 선사하고 생각을 진화 시킬 수 있습니다. 독서를 통해 자신이 애플의 스티브 잡스가 될 수 있고 건축가 가우디가 될 수 있으며 4차 산업혁명을 소개한 클라우스 슈밥이 될 수도 있습니다. 데일 카네기의 인간 관계론을 읽고 소통과 공감, 리더십을 생각해 볼 수 있습니다. 초연결과 초지능으로 모든 것이 빠르게 연결되고 진화되는 세상에서 모든 것을 자신이 직접 해야 한다는 고정관념을 탈피할 때 더 많은 세상이 열리고 기회와 가치가 만들어집니다. 목적 있는 독서는 바로 이러한 세상의 문을 여는 도구입니다.

협력, 협업 - 너와 나, 우리의 힘

4차 산업혁명의 시대는 협력과 협업의 시대로 협력적인 창조를 만들어야 한다고 말합니다. 기술이 발전하고 학문, 산업, 문화, 국가 간 경계가 사라지는 초연결, 융복합으로 한 명의 천재보다는 똑똑한 여러 명의 집단 지성이 과거와 현재의 수 많은 통찰력과 아이디어를 결합하여 새로운 경험과 가치를 창조하고 있습니다. 스마트폰, 페이스북, 유튜브와 인스타그램, 빅데이터와 인공지능, 로봇도 모두 협력과 협업의 창조물입니다. 현재와 미래는 하나의 기술, 지식, 아이디어보다는 수 많은 요소들을 어떻게 연결하고 융복합하여 새로운 가치와 경험을 제공하는가가 중요해졌습니다. 천재의 기술과 영감의 시대에서 협력과 협업의 시대로 진화한 것입니다. 인류는 산업사회, 지식정보화 사회, 디지털 사회, 초연결 사회를 경험하며 지식과 시간, 자원을 협력적으로 공유하여 시너지를 창출하는 협업에 주목하기 시작했습니다. 산업사회에서는 자신이 맡은 일만 수행하는 분업에 초점을 맞추었지만 지식정보화 사회에서는 정해진 범위 안에서 규칙과 프로세스에 따라 협력하는 협동으로 발전했습니다. 디지털 사회에서는 공동의 목표를 달성하기 위해 누구라도 함께 힘을 모아 새로운 가치와 경험을 만드는 협업으로 성장합니다. 메디치 효과로 융복합적인 창조를 만드는 것입니다. 학교에서의 모둠 수업, 프로젝트 기반 수업, 자율 동아리 활동, 스터디 모임, 대학생과 직장인들의 해커톤, 프로젝트 모임과 다양한 인터넷 커뮤니티, 온오프 모임과 오픈소스 커뮤니티 등이 모두 협력과 협업으로 새로운 가치를 창조하는 방법입니다. 협력과 협업은 소통과 공감 능력을 성장시키고 자신의 가치, 관점, 신념을 다시 점검토록 하여 새로운 학습 자극을 불러일으킵니다. 다양성과 다름을 생각하고 자신의 부족함을 인지하게 하는 것입니다.

협력과 협업은 새로운 관점을 선사합니다. 영화 인셉션에서는 다른 사람의 생각을 훔치기 위해 드림머신이라는 기계를 이용해서 꿈속의 꿈에 침투하기 위해 펜로즈의 계단을 이용합니다. 펜로즈는 계단은 항상 높이가 다른 두 지점을 서로 연결한다는 기존의 상식과 관점을 비틀었습니다. 얼핏 보기에는 이상함이 없지만 계단을 따라 올라가거나 내려가도 결국 제자리로 돌아옵니다. 뫼비우스의 띠 같습니다. 에셔의 폭포 그림도 떨어진 물이 거꾸로 올라가는 것처럼 보입니다. 펜로즈의 삼각형은 세 개의 직사각형 막대가 90도로 연결되어 있는 불가능한 도형이지만 보는 관점, 시각에 따라서 완전히 다른 도형으로 나타납니다. 어떻게 보느냐에 따라서 보이는 것과

보이지 않았던 부분이 나타나거나 숨겨지는 것이며 협력과 협업을
통해 굳어버린 시각, 관점을 유연하게 성장시킬 수 있습니다.

펜로즈의 계단, 삼각형, 인셉션의 드림머신, 에셔의 폭포 Wikipedia

지금 보이는 것, 보고 있는 사물과 현상이 전부가 아니며 관점을
달리하면 더 넓은 세상에서 더 많은 가치와 기회를 발견하여 학습
과 성장의 기회로 이용할 수 있는 것입니다. 과거의 경험, 익숙함, 항
상 정답이 존재한다는 믿음과 가치, 신념에 의문을 가지고 관점을
달리하면 복합 문제와 불확실성에 새로운 접근을 시도할 수 있는 것
입니다.

디자인 씽킹 - 전뇌 사고방식과 협업으로 복합 문제를 해결한다

성장형 공부법은 디자인적 사고방식 즉, 디자인 씽킹(Design Thinking)을 요구합니다. 디자인이라고 말하면 그림을 잘 그리거나 사용자 스마트폰, 앱에서 사용자 인터페이스(UI, User Interface), 사용자 경험(UX, User Experience)을 생각할 수 있지만 디자인의 원래 의미는 논리적, 이성적으로 해결이 어려운 복합 문제와 불확실성이 높은 상황에서 직관적인 생각과 풍부한 상상력, 다양한 경험을 연결하고 조합하여 현재 상태를 더 나은 상태로 개선시키려는 모든 생각과 활동, 실천을 의미합니다. 현재의 문제점과 불편함에서 더 나은 해결을 생각하고 새로운 가치와 경험을 만드는 사고방식과 행동 방식이며 자신과 친구를 함께 성장시키는 도구입니다. 복합 문제와 불확실성에서 무엇이 문제인지를 정의하고 공감과 소통, 협업과 협력으로 여러 사람의 창의적 아이디어를 모아 새로움을 추구하는 새로운 학습법, 공부 방법입니다. 디자인 씽킹은 좌뇌와 우뇌를 모두 사용하는 전뇌적 사고방식과 협업으로 복합 문제를 해결합니다. 논리, 수리, 언어와 분석을 담당하는 좌뇌, 창의와 직관, 시각과 상상력을 담당하는 우뇌를 지속적으로 자극하며 다양한 상상의 나래를 펴고 동시에 현실의 가능성과 기회와 가치를 찾습니다. 강철 같은 굳건함이 아니라 버드나무와 같은 유연함과 다양성을 표현하는 것입니다.

학급회의, 모둠 활동, 학생회나 동아리에서 좋은 의견을 내더라도 친구들과의 공감과 소통이 부족하다면 그 아이디어는 결국 생명력을 잃습니다. 부단한 협력과 교류가 없다면 선뜻 공감하기도 어렵습니다. 디자인 씽킹은 좌뇌적 사고로 문제점을 인식하고 우뇌적 사고로 문제를 공감하는 과정입니다. 지속적인 협력과 교류로 문제를 정의합니다. 소통과 협업으로 다양한 아이디어를 떠올리고 빠르게 실행해보면서 아이디어를 점검하고 수정하고 평가합니다. 실행해본 아이디어가 만족스럽지 않다면 또 다시 문제점을 토론하고 좀 더 나은 개선점을 만들어 실행하고 점검해 봅니다. 협력과 공감, 소통과 배려로 이 과정을 반복하여 더 나은 개선점을 찾고 학습하며 성장하는 것입니다.

디자인 씽킹의 5단계

디자인 씽킹은 공감하기, 문제 정의, 아이디어 찾기, 시제품 만들기(실험, 실행하기), 평가하기의 다섯 단계를 거치며 평가하기에서의 결과에 따라서 문제 정의 단계로 다시 돌아가 새롭게 문제를 정의하거나 문제를 정의했지만 조금 더 다른 아이디어를 다시 실행하여 실행과 평가하기를 반복할 수 있습니다. 시제품을 만든다는 것은 과학 동아리에서 물 폭탄 로켓을 함께 만들 수도 있고 학급의 성적 향상을 위해 함께 스터디 모임을 만드는 것, 자율적으로 봉사 동아리를 만들어 봉사 활동을 하는 것, 친구들과 함께 창의적 체험 활동을 하거나 모둠을 이루어 과목별로 창의적 체험활동을 하는 것도 가능합니다.

학교나 학원에서 스터디 그룹을 만들더라도 친구들과 마음이 맞아야 하는 것처럼 디자인 씽킹의 첫 단계는 공감하기로서 함께 문제를 찾고 개선하는 과정에서 학습하고 공부하여 성장하겠다는 성장형 마인드셋으로 시작합니다. 공감은 관심입니다. 주변 상황이나 문제점에 관심을 갖고 관찰과 질문, 체험으로 시작합니다. 공감을 바탕으로 다름과 다양성을 인정하는 것은 다양한 협업과 집단 창의를 이끄는 원동력입니다. 다음 단계는 문제 정의입니다. 아인슈타인은 20일의 시간이 주어진다면 19일은 문제를 정의하기 위한 질문에 초점을 맞추라며 문제 정의 역량을 강조했습니다. 공감으로 다양한 문제를 찾은 후에는 올바르게 문제를 정의해야만 더 나은 아이디어와 개선점을 찾을 수 있습니다.

한 노인이 17마리의 낙타를 삼형제에게 나누되 첫째는 전체의 1/2, 둘째는 1/3, 막내는 1/9만큼 나누도록 유언을 하면서 절대 낙타를 팔거나 죽이지 말라고 했습니다. 삼형제는 이내 고민에 빠졌습니다. 삼형제는 아버지의 유언에 서로 공감하고 낙타를 유언대로 나누어 갖는다는 문제 정의를 했습니다. 하지만 낙타를 죽이지 않고 나누기 위한 다양한 아이디어를 찾고 낙타를 나누는 것에 실패했습니다. 이때 마을의 한 노인이 찾아와 자신이 가지고 있던 낙타 한 마리를 더해 총 18마리의 낙타로 문제를 풀어보라고 했습니다. 문제를 재정의하자 첫째는 9마리, 둘째는 6마리, 막내는 2마리를 갖게 되었고 남은 한 마리를 다시 노인에게 돌려주게 되었습니다.

낙타 17마리

1/2

1/3

1/9

1 vs. 0.9444
최고는 아니지만
더 나은 해답으로

낙타 18마리(문제 재정의 하기)

1/2 → 9마리

1/3 → 6마리

1/9 → 2마리

남은 1마리
돌려주기

낙타 나누기 문제 - 최고가 아닌 더 나은 해답으로

불확실성과 복합 문제로 대표되는 4차 산업혁명 시대에서는 정해진 답을 찾는 것이 아니라 정답에 가깝도록 만들어 가는 과정입니다. 앞의 사례에서 형제들은 18마리의 낙타 중 17마리를 가지게 되어 낙타의 실제 배분 비율은 온전한 1이 아닌 17/18이 되어 0.9444입니다. 하지만 아버지의 유언대로 낙타 17마리에 대한 분배 해법을 찾았습니다. 노인의 낙타를 더하여 문제를 재정의 했습니다. 비록 1이 아니지만 복합 문제에 포기하지 않고 1에 가까운 0.9944를 만든 것입니다. 억지로 1을 만들려 고민하다 포기하기보다는 0.994를 만들어 1에 빠르고 유사하고 근접하는 신속함과 유연함이 새로운 시대의 학습과 공부, 성장의 방법인 것입니다.

　디자인 씽킹에서의 아이디어 도출 방법은 우뇌 창의 미팅과 좌뇌 생산 미팅으로 아이디어의 생성과 검증을 구분하는 것이 좋습니다. 우뇌 창의 미팅에서는 상상력과 창의성에 중점을 두어 다양하고 풍부한 아이디어가 만들어지도록 협의하고 모아진 아이디어를 좌뇌 생산미팅에서 가장 가능성이 높고 실현 가능한 아이디어를 선정하여 검증하는 것입니다. 다음 단계는 시제품 만들기입니다. 시제품을 만든다는 것은 반드시 어떤 물건을 만드는 것을 의미하지 않습니다. 앞의 사례처럼 17마리의 낙타에 1마리 낙타를 더 넣어 아버지가 말한 나누기 비율처럼 검증을 하는 생각을 해보거나 필요하다면 낙타를 한 마리 더 구해오는 방법, 그림에 낙타를 그리고 실제로 나눗셈을 해보는 방법 등 다양하게 실행해 볼 수 있습니다. 학생들이 과학

탐구를 하며 올챙이의 성장을 한 달간 관찰하여 뒷다리와 앞다리가 나오고 꼬리가 짧아지는 실험을 하기 위해 환경을 구축하고 올챙이를 구해오고 실험 노트를 준비하는 과정도 모두 시제품 만들기라도 할 수 있습니다. 다른 말로는 프로토타입 만들기라고도 이야기 합니다.

디자인 씽킹의 마지막 단계는 테스트와 검증입니다. 처음 생각한 아이디어와 시제품을 만들어 테스트를 한 후에 목적한 결과가 나오지 않은 경우 문제를 재정의 하거나 아이디어를 변경하거나 테스트 방법을 변경하는 등 다양한 개선과 수정으로 더 나은 방법을 찾아가는 다양한 피드백 과정을 진행하여 완벽한 답이 아니라 정답이라 생각하는 목표에 가깝게 전진하는 것입니다. 또한 이 과정에서의 결과물과 학습 내용을 이후 다른 디자인 씽킹이나 복합 문제에 어떻게 적용가능한지 연결을 생각해 보는 것입니다. 다양한 현상에 융합과 복합으로 새로운 가치를 창출하는 기회를 점검해 보는 것입니다.

민첩한 성장형 공부 - 연결, 감지, 분석, 실행, 확장과 초연결

대한민국 입시에서 공부를 잘하려면 아빠의 무관심, 엄마의 정보력, 할아버지의 재력이라는 말이 아직도 회자되고 있습니다. 물론 본인의 노력과 의지, 성장형 마인드셋과 학습력이 가장 중요하겠지요. 때론 학교에서 앞에 반 선생님이 가르쳐 준 내용이 뒷 반에서는 언급이 되지 않았지만 시험에 나오는 경우도 있습니다. 모든 선생님이 동일하게 수업할 수는 없으니까요. 그래서 인터넷 강의에서도 적중률 높은 일타 강사들이 인기를 끌고 기출 문제, 고급 정보에 목말라 하는 학생, 학부모님들이 매년 입시 설명회에 참석하려 대한민국이 들썩입니다. 하나의 정보라도 더 얻어 입시에 활용하려 하기 때문입니다. 학생들이 시험 전에 기출 문제, 기출 변형 문제를 모으러 애를 쓰거나 입시에 성공한 선배들의 학생부와 자소서, 공부 커리큘럼을 확보하려 애쓰는 모습, 최근 드라마 스카이캐슬에서 의대 진학을 위한 학습, 학생부, 생활 커리큘럼을 코칭하는 모습 등이 모두 정보에 목말라 하고 더욱 고급 정보를 얻어 경쟁에서 이기고자 하는 기본 욕구에 기인합니다. 무한 경쟁시대에 이를 탓할 수만은 없을 것입니다.

빠름과 민첩함은 무엇이 다를까요? 100m 달리기는 직선거리를 가장 빠르게 달리는 경기입니다. 장애물도 없고 목적지가 바로 눈앞에 보입니다. 멈출 필요도 없고 앞만 보고 달리면 됩니다. 농구, 축구 경기를 생각해 볼까요? 경기 중에 빠르게 드리블을 하다가 상대를 만나면 재빠르게 패스를 하거나 페인트 동작으로 상대를 제치고 방향을 바꾸거나 멈추는 민첩한 행동을 해야 합니다. 미국 프로 농구의 신으로 불리는 스테판 커리나 U−20 월드컵 축구에서 이강인 선수의 멋진 플레이를 생각할 수 있습니다. 현재와 미래의 성장을 위해서는 빠름을 기본으로 민첩하게 생각하고 행동하고 실천하며 학습

해야 합니다. 협력을 하더라도 경쟁은 피할 수 없습니다. 시간은 한정되어 있고 기다려 주지 않습니다. 민첩하게 행동하지 않는다면 이미 다른 사람들이 기회를 잡고 가치를 만들어 새로운 경험을 창조할 것입니다. 민첩하게 움직인다면 더 많은 기회를 얻고 더 많은 성공과 실패를 통해 더 크게 성장하여 더 나은 현재와 미래를 만들 수 있는 것입니다.

빠름 vs. 민첩함

빠름과 민첩함의 비교 NBA.COM BBC.COM KFA.COM

공부와 학습도 민첩함을 요구합니다. 고입, 대입 입시제도가 바뀌거나 대학별 입학 전형이 매년 변경될 때마다 변화를 알아내고 자신에게 알맞은 학습법을 찾아 빠르게 대응하는 것도 민첩함입니다. 현재와 미래를 위해 평생 학습을 하는 것도 불확실성을 대비하는 민첩함이며 신문과 뉴스, 독서를 통해 새롭게 지식과 정보를 얻어 활용하는 것도 민첩함입니다. 스마트폰을 생각해 볼까요? 데이터를 모두 사용해서 인터넷이나 페북, 인스타, 카톡, 네이버에 접속을 못한다면 어떨까요? 집과 학교, 스터디 룸에서 와이파이가 안된다면 정말 답답하겠지요? 학교의 중요한 소식이 카페에 올라왔는데 나만 모르고 있다면요? 내일이 시험인데 시험 범위가 바뀌었다는 사실을 이제서야 알았다면요? 지금부터 아무리 민첩하게 계획을 작성하고 실행한다고 해도 다른 친구들의 준비에 비해 부족함이 많겠지요.

민첩한 성장형 공부법의 첫 시작은 "연결" 입니다. 정보에 연결하고 관심 주제에 연결하며 친구와 학교 선생님, 세상의 변화에 연결하는 것입니다. 플라톤의 동굴의 비유를 생각해 볼까요? 동굴 속에 비친 그림자만이 세상의 전부라고 생각하던 죄수들이 용기를 내어 동굴 밖으로 나와 세상에 연결하여 새로운 빛의 세계를 인식하게 됩니다. 첫 시작은 세상에 연결하기 입니다. 공부와 학습에 연결하고 스마트폰으로 친구들의 소식을 확인하고 네이버 앱을 이용하여 뉴스와 연예 소식을 보는 것도 새로움에 연결하는 과정입니다. 관심사

플라톤의 동굴의 비유 – 세상의 변화에 연결하여 빛의 세계로 나아가기

에 연결하고 다양한 분야에 연결하면 연결과 연결이 또다른 연결을 만들게 됩니다. 이러한 과정이 바로 초연결이고 이 과정에서 융합과 복합이 일어나 새로운 맥락과 가치, 경험과 창조를 만드는 것입니다.

현재는 모든 것이 연결되어 있습니다. 누구나 스마트폰과 컴퓨터로 세상에 연결되고 빅데이터와 인공지능, 집단 지성의 힘으로 과거와 현재의 모든 정보와 변화를 읽을 수 있습니다. 연결되었다면 다음은 변화를 감지해야 합니다. 무엇이 바뀌었고 무엇이 변화하고 있는지, 무엇이 융복합하여 새로운 가치와 맥락을 만들고 있는지를 관찰하는 것입니다. 감지는 바로 관찰입니다. 세상의 수많은 연결에서 관심 분야에 조금 더 관심을 두어 변화를 관찰하는 것입니다. 관찰하지 않는다면 변화를 읽을 수 없고 수많은 연결이 그냥 흘러가는 시간으로 인식됩니다. 하지만 의도적으로 관심을 갖고 관찰을 하면 변화를 감지할 수 있습니다. 성적이 떨어졌는데도 아무런 감지를 하지 못했다면 성장이 아니라 지속적은 퇴보를 할 것입니다. 건강이 나빠졌음을 감지하지 못하고 방치하면 결국 작은 병을 더욱 크게 만들어 합병증을 초래할 수 있습니다. 건강 검진을 통해 자신의 신체 변화를 감지하고 분석하여 조치를 하는 것처럼 연결 이후의 감지는 지속적이고 의도적인 관찰을 통해 변화와 새로움을 찾아 성장의 기회를 찾는 과정입니다.

변화를 감지한 이후에는 "분석"을 해야 합니다. 자신의 성적 변화,

건강 변화, 입시 제도의 변화, 4차 산업혁명과 인공지능, 빅데이터로 인한 사회의 변화 등을 분석해서 자신의 현재, 미래의 성장의 계기를 찾고 학습 대상을 찾는 과정을 수행해야 합니다. 학생들이 혼자 공부하기 어려운 경우 학원, 인강, 자습서와 참고서의 도움을 받는 것처럼 세상의 수많은 변화에 대해 뉴스, 미디어, 인플루언서, 미래학자의 미래 예측과 각종 서적, 분석 보고서 등을 통해 자신의 생각과 비교하여 다름과 다양성을 함께 검토해야 합니다. 이러한 과정을 거치면서 불확실성과 위험을 점차 낮추며 가능성이 높은 분야, 자신에게 강점이 되는 분야를 더욱 강화시키고 약점과 단점을 보완하여 자신을 성장시키는 것입니다.

아무리 많은 공부를 하고 세상의 지식을 얻는다고 하더라도 실행하지 않으면 그 의미를 찾기 어려울 것입니다. 세상에 연결하고 변화를 감지하여 분석하는 과정은 결국 자신을 성장시키고 현재를 바꿔 더 나은 미래를 만들려는 목적입니다. 꿈과 빅 픽처, 가치 있고 목적 있는 삶을 살기 위한 것이지요. 실행하지 않는다면 단지 꿈만 꾸는 것입니다. 세상이 여러분을 선택하는 것이 아니라 세상이라는 무대를 여러분이 직접 만들고 자신의 삶이라는 무대에서 스스로 주인공이 되어 세상에 외치는 것입니다. 바로 실행을 해야 하는 이유입니다.

현재에서 미래로 다가갈수록 혼자서 할 수 있는 일이 점차 감소합니다. 타인과 연결하고 집단과 연결하면 더 많은 기회와 가치가 창출됩니다. 혼자 공부하는 것도 좋지만 함께 모둠을 만들어 협력하면 더 많은 시간과 기회를 찾을 수 있습니다. 자신의 생각을 성장형 마인드셋, 열린 마음으로 확장하면 더 많은 동료를 찾고 더 많은 다양성을 접할 수 있습니다. 보이지 않던 또다른 세상의 문이 열리게 됩니다. 관심을 갖지 않던 분야에서 새로운 가치와 맥락을 찾을 수 있고 새로운 기회와 영감을 찾을 수 있습니다. 인문학자가 과학과 기술에서 새로움을 찾고 기술과 공학에 인문학적인 감성을 더하며 고대 신화에서 새로운 인간 본성과 스토리를 찾고자 하는 노력이 바로 확장과 초연결을 위한 다양한 시도입니다.

확장과 초연결, 초지능의 시대에서 세상의 모든 정보와 지식, 기술과 지혜를 완벽하게 독점하거나 습득하는 것은 불가능에 가깝습니다. 인공지능과 빅데이터는 이제껏 인류가 만들어온 정보의 크기보다 더욱 크고 깊은 정보를 생산하며 융복합하고 있습니다. 자신의 빅 픽처와 목표를 달성하기 위한 수 많은 징검다리를 만들기 위한 올바른 재료를 선정해야 합니다. 수 많은 정보에서 필요한 정보와 불필요한 정보를 나누는 것입니다. 핵심에 집중하고 본질에 초점을 맞추는 과정입니다. 이것저것 모두 욕심을 부린다면 어느 하나라도 목표를 이루기 어렵습니다. 필요한 것은 세상의 모든 자료가 아니라 자신에게 필요한 목적 있는 자료, 가치와 맥락을 제공하는 자료가 되어야 합니다. 그 다음에는 관심의 분야를 확장하는 것입니다. 자동차와 로봇은 기계 공학이라고 생각했지만 이제는 컴퓨터 소프트웨어,

인공지능, 빅데이터와 클라우드, 센서, 인간 감성이 융복합하고 있습니다. 법률가는 세상의 수 많은 판결 자료와 입법 자료를 이용하기위해 빅데이터와 인공지능을 사용합니다. 기업들은 고객의 행동 패턴을 분석하여 상품을 추천하는 서비스를 확대하고 있습니다. 하지만 모두 본질을 잃지 않습니다. 강점을 더욱 강화하고 약점을 보완하며 확장과 초연결로 더 많은 기회와 가치를 찾아야 하는 것입니다.

생각을 정리하는 도구

생각을 만들고 정리하는 유용한 도구는 플래너, 다이어리, 수첩입니다. 특히 학생들은 플래너에 학습 시간과 공부 총량, 주요한 일정 등을 기록하고 성적이나 모의고사, 지필 평가 일정을 기록합니다. 스마트폰의 플래너 앱을 이용하는 친구들도 늘고 있습니다. 이처럼 인간은 도구를 효율적으로 사용하는 호모 파베르의 속성을 가졌지만 때론 플래너나 다이어리, 스터디 타이머의 노예가 되어 도구의 주인이라는 생각을 잊고 오히려 시간의 노예로, 기록의 노예로 살아가곤 합니다. 작은 플래너에 깨알 같은 글씨로, 부족한 여백에 너무 많은 내용을 기록하고 꾸미려 애를 태우기도 합니다. 플래너와 다이어리는 모든 것을 두뇌에게 미루지 않고 기록을 함으로써 눈으로 보고 손으로 찾아보며 순간의 아이디어와 일상의 기록에 의미를 부여하는 두뇌의 보조 장치로 이용해야 하는 것입니다. 일부 학생들은 단순히 플래너에 공부 시간을 기록하고 그것으로 만족합니다. 기록 이후의 행동과 점검, 반성과 성장이 부족한 것입니다.

아인슈타인은 꿈속의 내용까지 기억하려 잠자리에도 필기구를 구비했습니다. 원자 모형을 만든 닐스 보어, 주기율표를 만든 멘델레예프도 꿈에서 얻은 영감을 기록하여 기념비적인 업적을 이루었습니다. 순간적으로 떠오르는 아이디어, 스쳐 지나가는 조그마한 생각이라도 기록이라는 습관으로 창의적, 창발적 아이디어로 성장하고 진화할 수 있습니다. 기록하지 않고 두뇌만 믿는다면 인간의 두뇌는 더 강한 자극에 반응하여 저장해 두었던 수많은 작은 생각과 아이디어를 잃게 됩니다. 생각이 나지 않을 때, 무엇인가 새로운 아이디어가 필요할 때 두뇌 보다는 기록이 더 빠르게 우리를 도와줄 수 있습니다. 포스트잇과 메모지도 생각 정리의 유용한 도구입니다. 붙였다 떼었다 함으로써 떠오른 아이디어를 바로 자신의 것으로 만들고 불필요할 때에는 즉각 폐기할 수 있습니다. 또한 다이어리나 플래너에 기록한 과거의 메모에 덧붙여 생각을 지속하고 확장할 수 있습니다. 플래너의 작은 공간에서 탈출하여 성장하고 진화하는 것입니다. 컴퓨터나 스마트폰의 메모지, 포스트잇 기능도 이와 유사합니다. 여행지를 가거나 맛집을 방문한 후에 인증샷을 남기곤 합니다. 과거의 기억을 떠올리려면 사진처럼 유용한 도구가 없습니다. 이제 스마트폰만 있으면 사진을 찍고 위치 정보를 기록하고 사진을 편집하거나 사진에 추가적인 설명을 기록하여 페북, 인스타, 블로그와 카페, 클라우드에 바로 저장하여 영원히 남길 수 있습니다. 메모와 기록도 디지털 기술의 발달로 점차 진화하는 것이지요.

타인에게 보여줄 필요도 없습니다. 인스타, 페북, 블로그와 카페를 비공개로 만들고 클라우드 서비스를 이용하면 평생 자신만의 데이터베이스를 구축하게 됩니다. 플래너, 앨범을 잃어버려 애를 태우는 일을 방지할 수 있습니다. 가족과 친구들에게 공유할 수 있으며 검색 기능과 해시태그를 이용하여 빠르고 신속하게 원하는 정보를 찾아 활용할 수 있습니다. 디지털 호모 파베르의 힘을 이용하여 정보를 더욱 효율적으로 저장하고 검색하고 활용하는 것이지요. 하지만 너무 많은 메모는 TMI(Too Much Information)를 생성합니다. 수다가 너무 많은 사람을 "투머치 토커"라고 이야기하는 것처럼요.

생각을 만들고 정리하는 도구 - 플래너, 다이어리, 포스트잇과 소셜 미디어

메모는 하나의 점(dot) 입니다. 이러한 점들이 연결되어야만 선(line)을 만들고 가치와 맥락, 의미가 만들어집니다. 주기적으로 점을 연결하여 선을 만드는 것처럼 메모를 정리하고 유사한 생각을

모아 "메모 덩어리"를 만들어야 합니다. 여기에 포함되지 않는 메모들은 다음 번 기회를 위해서 잠시 보관해야 합니다. 절대로 버리는 것이 아닙니다. 메모 덩어리들은 또 다른 메모들과 연결될 수 있고 꿈 모듈에 예금해두거나 즉시 목표로 만들어 실행할 수 있습니다. 아주 작은 생각이 모여 메모 덩어리를 만들고 꿈 모듈에서 빅 픽처를 위한 징검다리와 퍼즐 조각이 됩니다.

창의적인 생각, 뛰어난 아이디어는 어떻게 만들어지는 것일까요? 스무고개 놀이를 생각해보죠. 꼬리에 꼬리를 물고 질문하면서 처음 생각한 것에 생각을 확장하고 추론하고 연상하며 질문의 골든 서클인 왜(Why?), 어떻게(How?), 무엇을(What?)을 적용합니다. 그리고 반복된 질문을 통해 생각을 검증하고 정답에 다가갑니다. 단 몇 번의 질문으로 답을 찾기 어렵습니다. 큰 나무가 뿌리를 내리고 큰 뿌리에서 잔뿌리가 생겨나듯이 꼬리에 꼬리를 문 질문으로 생각을 연결하고 확장하면 창의적이고 번득이는 아이디어가 만들어집니다. 하지만 이러한 모든 과정을 머릿속에서만 진행한다면 두뇌는 이내 지치게 되고 다른 자극을 받으면 이제껏 생각한 내용들을 망각할 수 있습니다. 오랜 시간이 지난 후에는 기억조차 가물가물 하죠. 처음부터 다시 시작할 수도 있습니다. 꼬리에 꼬리를 무는 생각을 기록하거나 수정하고 눈으로 보고 시간이 지나도 다시 이용할 수 있는 방법이 없을까요? 바로 마인드맵을 이용하는 것입니다. 최근 학교에서도 마인드맵을 소개하여 수행평가나 모둠 수업, 프로젝트 기반 수업에서 생각 정리의 기본 도구로 마인드맵을 활용합니다. 컴퓨터, 스마트폰에서 쉽게 마인드맵을 그리고 수정하고 저장하며 공유하여 생각을 확대하고 생각을 나눌 수 있게 되었습니다. 빅 픽처와 꿈 모듈, 꿈, 버킷 리스트와 데스노트, 퍼즐 조각도 모두 마인드맵을 통해 언제 어디서나 디지털 기기로 생각을 연결하고 조립하고 다시 만들 수 있게 된 것입니다.

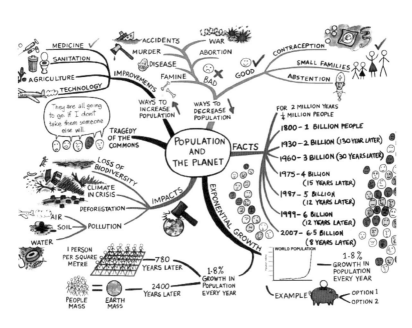

마인드맵 그리기 | Directed Research

생각 정리 기술

4차 산업혁명 시대를 다른 표현으로 하이컨셉의 시대라고 말합니다. 논리적이고 이성적인 좌뇌와 감성적이고 창의적이며 공감과 협업을 수행하는 우뇌적 사고방식을 유연하게 조합하는 전뇌적 사고방식, 하이컨셉이 불확실성의 시대에 생각을 만드는 새로운 방법으로 주목 받습니다. 특히 우뇌적 사고방식에서도 디자인, 스토리, 조화, 공감하기, 즐겁게 놀기, 의미 부여하기가 미래 인재의 생각 만들기 핵심 역량입니다. 디자인은 새로운 가치를 창조하고 스토리는 흩어진 점을 모아 연결하고 이야기를 만들어 냅니다. 조화는 서로 다름과 다양성을 인정하여 통합과 재설계를 수행합니다. 공감은 소통과 협업을 위한 시작이며 이러한 모든 생각 만들기에서 즐거움을 찾고 자신의 일과 생각, 행동에 다양한 의미를 부여할 수 있어야 합니다.

좌뇌적 사고방식은 논리적이고 이성적으로 자신의 생각을 정리하여 설득하는 방법입니다. 어떤 사람들은 조리 있고 명확하게 자신의 생각을 정리하여 말하지만 어떤 사람들은 두서 없고 생각 없이 말한다거나 한 말을 또 하고 반복한다고 합니다. 왜 이러한 차이가 발생할까요? 바로 생각 정리의 원칙을 적용하지 않았기 때문입니다. 생각 정리 원칙은 MECE(Mutually Exclusive, Collectively Exhaustive) 원칙이라고 하며 생각의 요소들이 서로 중복되지 않으면서도 각각의 합이 전체를 향한다는 의미입니다. 쉽게는 가위, 바위, 보 게임을 생각할 수 있습니다. 게임에서 선택할 수 있는 사항은 가위, 바위, 보이며 이외에는 다른 선택을 할 수 없습니다. 이 세 가지 방법은 서로 독립적이고 빠짐과 중복이 없이 가위, 바위, 보 게임을 만들게 됩니다. 생각을 정리하여 말하는 방식도 MECE 원칙을 따르면 중복과 누락 없이 하고 싶은 말을 모두 하면서도 각각의 생각이 큰 뜻을 향하게 됩니다.

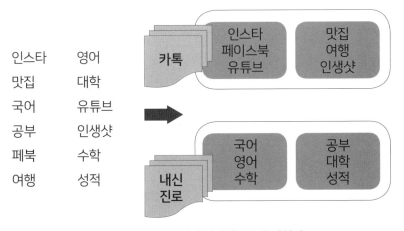

MECE 원칙으로 생각 정리하고 그룹핑하기

MECE 방식은 생각을 논리적으로 정리하는 첫 단계입니다. 또한 생각의 조각에서 유사성을 찾아 그룹핑을 할 수 있습니다. 가령 아무런 연관이 없어 보이는 단어로 "인스타, 맛집, 국어, 공부, 폐북, 여행, 영어, 대학, 유튜브, 인생샷, 수학, 성적" 이라는 12개의 단어를 제시했을 때 연관성을 찾지 못한다면 12개의 무의미한 단어를 나열해야 하지만 연관성을 찾아 정리하면 인스타, 폐북, 유튜브를 하나의 그룹으로 묶고 맛집, 여행, 인생샷을 하나의 그룹으로, 국어, 영어,

수학을 또 다른 하나의 그룹으로 묶고 공부, 대학, 성적도 유사성이 있기에 다른 하나의 그룹으로 묶을 수 있습니다. 이 과정에서 12개의 무의미한 단어가 4개의 그룹으로 묶여지는 것입니다. 또한 인스타, 페북, 유튜브, 맛집, 여행, 인생샷은 또 다른 큰 그룹으로 묶일 수 있습니다. 비슷하게 국어, 영어, 수학, 공부, 대학, 성적은 또 다른 큰 그룹으로 묶일 수 있습니다. 그리고 또 다시 새로운 단어가 제시된다면 앞서 4개로 묶은 그룹과의 유사한 점이 있는지를 찾아 유사하다면 그 그룹에 넣어주는 것입니다. 새로운 정보를 기존의 정보와 연계하여 생각하여 생각을 정리하고 오래 유지할 수 있습니다. 가령 카톡, 내신, 진로라는 세 개의 단어가 입력된다면 카톡은 인스타, 페북, 유튜브에 묶인 그룹에 넣고 내신, 진로는 국어, 영어, 수학을 묶은 그룹에 넣을 수 있습니다.

MECE 원칙과 그룹핑은 마인드맵을 작성하는 과정에서도 도움이 됩니다. 우리는 꿈 모듈을 작게 더 작게 쪼개는 과정에서 성적 향상을 위해 교육 계획서 분석, 빅 픽처 그리기, 선행 학습이라는 세 개의 주제로 분류했습니다. 이렇게 분류된 항목들은 MECE 원칙에 따라서 중복과 누락 없이 성정 향상이라는 주제를 향하고 있습니다. 또한 선행 학습에서도 MECE 원칙으로 국어, 수학, 영어, 과학 과목을 선정할 때 각 과목들은 서로 중복과 누락이 존재하지 않습니다. 국어 공부를 위한 방법으로 인터넷 강의, 기출 문제 풀이, 학원 등록, 복습도 중복과 누락 없이 생각이 나뉘고 구분되었습니다.

각 항목들을 더욱 작게 나누더라도 성적 향상이라는 큰 주제에서 벗어남이 없습니다. 이처럼 MECE 원칙과 그룹핑 방법으로 생각을 한 단계 더 넓고 깊게 확장시켜 그림으로 나타낸 것을 로직 트리(Logic Tree)라고 합니다. 마인드맵도 결국 로직 트리를 여러 개로 확장한 개념입니다.

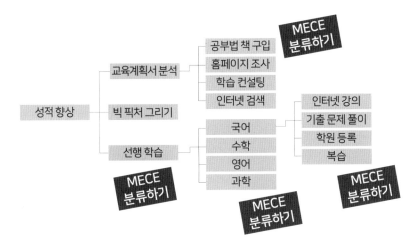

MECE로 분류된 마인드맵의 로직트리

MECE 원칙과 그룹핑, 로직 트리와 마인드맵으로 자신의 생각을 정리하고 확장하는 연습을 꾸준히 하면 생각의 중복과 누락을 방지할 수 있습니다. 새로운 개념이 입력되더라도 과거의 익숙한 개념에 연결하여 유사성을 찾을 수 있으며 복잡하고 단편적인 생각을 논리적이고 체계적으로 정리할 수 있기 때문에 생각이 더욱 넓고 깊어질 수 있습니다. 또한 생각 만들기와 생각 정리는 타고난

역량이 아니라 학습과 반복, 점검과 노력으로 무한히 확장시킬 수 있는 영역입니다. 창의력과 창조는 무수한 점들을 연결하여 가치와 맥락을 찾는 과정에서 만들어집니다. 생각 만들기와 생각 정리의 역량을 갖추지 못한다면 창의력과 창조의 기회는 카이로스의 시간처럼 손에 잡을 수 없습니다.

Secret 6

성장형 공부법을 연결하라

성장형 공부법을 연결하라

점(dot)을 선(line)으로 연결하기

세상의 수많은 지식과 정보는 연결하지 않으면 융복합 되지 못하고 단편적이고 개별적인 의미를 갖지만 서로 연결되면 새로운 가치가 부여되고 과거와 다른 경험을 제공합니다. 구슬이 서 말이라도 꿰어야 보배라고 했고 점을 선으로 연결해야만 맥락과 더 큰 그림을 볼 수 있습니다. 학교에서도 국어, 영어, 수학, 과학 등 서로 다른 과목을 배운다고 불평하지만 국어의 읽기 능력은 다른 모든 과목의 문해력에 영향을 주고 수학적 사고방식은 과학에 영향을 주며 인문학적 사고방식은 풍부한 상상력을 제공합니다. 모든 과목이 사실상 유기적으로 연결되어 있는 것이지요. 앞서 소개한 청소년의 미래 역량, 빅 픽처와 꿈 모듈, 퍼즐 조각 만들기, 스왓 분석, 학습 능력 측정, 독서와 협업, 디자인 씽킹과 생각을 정리하는 도구, 좌뇌와 우뇌로 생각하고 두뇌와 밀당하기 등 모든 것이 서로 연결되어야만 원하는 꿈과 목표를 행해 나아갈 수 있습니다.

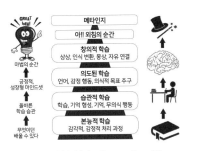

학습과 메타인지 과정 Waldman, Newberg, 수정

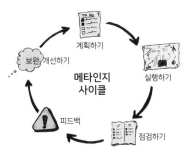

메타인지 사이클, Jossey-Bass, How learning works 수정

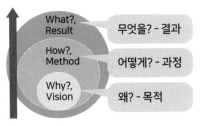

질문의 골든 서클 사이먼 사이넥 수정

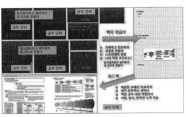

S TREANTH (강점)	W EAKNESSES (약점)
O PPORTUNITY (기회)	T HREAT (위협)

SWOT 분석표 - 강점, 약점, 기회, 위협

성장형 마인드셋 vs. 고정형 마인드셋

위의 그림은 무엇이던 배울 수 있다는 마음가짐으로 습관을 만들어 두뇌를 자극하고 성장형 마인드셋으로 의도된 학습과 창의적 학습을 해야함을 나타냅니다. 이 때 자기 자신에게 질문의 골든 서클을 적용하여 왜 공부하는지? 어떻게 공부할지? 어떠한 결과를 목표

로 하는지를 눈으로 보고 읽으며 두뇌를 자극할 수 있도록 기록하고 반복해야 합니다. 자신만의 학습과 공부의 빅 픽처를 만드는 첫 단계입니다. 성장할수록 생각이 깊고 넓어진다고 하지요. 질문도 깊고 넓어지며 그에 따른 답변도 변화합니다. 지금 질문의 골든 서클로 빅 픽처에 대한 목적, 과정, 결과를 글로 남겼더라도 자주 확인하면서 수정하고 개선할 수 있습니다.

마음먹기가 쉽지 않지만 마음만 먹는다고 세상의 모든 일과 자신의 학습, 공부가 저절로 이루어지지 않습니다. 메타인지 사이클의 순환 과정처럼 계획하기, 실행하기, 점검하기, 피드백 하기, 보완하고 개선하기를 반복하면서 목표가 이루어질 때까지 노력해야 합니다. 세상에 노력 없는 결과, 공짜 점심은 없으니까요. 걸음마를 시작한 아기에게 달리기를 시킬 수 없습니다. 인수분해를 공부하는 학생에게 미적분을 모른다고 나무랄 수도 없지요. 지금 현재의 자신이 어떠한 역량과 강점, 약점을 갖고 있는지를 스왓 분석을 통해 명확하게 파악해야 합니다. 학습력을 구성하는 읽기 능력, 쓰기 능력, 복습 능력, 심화 학습 능력, 시각화 능력, 두뇌 자극 능력, 말하기 능력을 점검하고 자신의 마인드가 성장형 마인드셋으로 성장하고 있는지 점검해야 합니다. 자기 자신을 알아야 합니다.

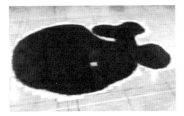

고등학생의 빅 픽처와 꿈 모듈 사례

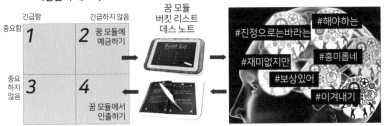

두뇌와 밀당하기 + 해시태그 붙이기 + 시간관리 매트릭스 활용하기

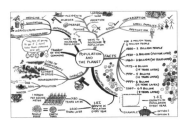

마인드맵 그리기 Directed Research

생각을 만들고 정리하는 도구 – 플래너, 다이어리, 포스트잇과 소셜 미디어

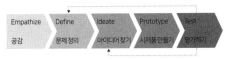

디자인 씽킹의 5 단계

이제 학습과 공부의 빅 픽처를 그려야 합니다. 원하는 것, 바라는 모습, 하고 싶은 목표를 정해봅니다. 마음속의 커다란 고래를 그리고 그 그림을 여러 개의 작은 꿈 모듈로 쪼개야 합니다. 고등학생들은 수능과 수시를 위해 내신, 비교과, 자소서, 학생부, 수능, 면접, 독서 등을 모두 수행합니다. 그러면서도 대입, 진학, 진로라는 빅 픽처를 향해 나아가는 것입니다. 작은 꿈 모듈이 유기적으로 조화를 이루어 큰 빅 픽처를 만드는 것이지요.

하고 싶고 해야할 일도 많지만 시간은 한정되어 있습니다. 머릿속에서는 수많은 생각들이 서로 다투기도 합니다. 복잡한 생각들이 정리가 되지 않아 혼란스럽습니다. 이때 다양한 생각들에 해시태그를 달아 시각화를 하고 비슷한 생각들을 묶어 꿈 모듈을 만듭니다. 꿈 모듈은 하고 싶은 일, 해야 할 일을 예금하는 버킷 리스트와 고치고 개선하거나 버려야 할 나쁜 습관을 적은 데스 노트로 구성되어 있습니다. 꿈 모듈의 수많은 생각들을 시간관리 매트릭스로 인출하거나 꿈 모듈로 예금하면서 생각을 점검하고 실행해보며 과정과 결과를 살피고 너무 크고 어려운 꿈과 목표라면 더 작은 꿈 모듈로 쪼개야 합니다.

인간은 도구를 사용하는 호모 파베르라고 했습니다. 또한 두뇌는 망각 프로세스를 갖고 있기에 기록하고 정리하여 남겨두지 않는다면 아까운 생각들이 사라질 수 있습니다. 디지털 마인드맵과 페북,

인스타, 블로그와 카페 등으로 자신만의 꿈 모듈을 만들어 디자인 씽킹의 방법으로 실행해야 합니다.

수능 만점, 수시 합격!!

내신 학습	수능 학습	논술 학습	창의적 체험활동	학생부 종합	건강관리
고3 학습 내리기	내리기 과목 설정 하기	내리기 과목 설정 하기	창체 활동 내리기	자소서 내리기	수능 대비 신체 리듬
고2 학습 내리기	내린 과목 수능 공부	내린 과목 논술 공부	자율 활동	세특 관리	수면 관리
고1 학습 내리기	내린 과목 개념 공부	내린 과목 학과 공부	동아리	자소서 쓰기 훈련	아프지 않기
읽기 능력 강화하기	내신, 수능 일체화 하기	논술 필요 학교 선정	봉사 활동	자소서 읽기 훈련	쪼개어 잠자기
읽기 능력 기본 만들기	과목별 읽기 능력 강화	과목별 읽기 능력 강화	진로, 독서 활동	내신, 수능 창체 연계하기	공부 엉덩이 힘 기르기
Plan Do Monitoring, Feedback	Plan Do Monitoring, Feedback	Plan Do Monitoring, Feedback	Plan Do Monitoring, Feedback	Plan Do Monitoring, Feedback	Plan Do Monitoring, Feedback
SWOT 분석	SWOT 분석	SWOT 분석	SWOT 분석	SWOT 분석	SWOT 분석

Who: 너의 이름은…

나: 강점, 약점, 마인드셋, 빅 픽처

학교 : 홈피, 교육계획서, 교육과정편제표, 일정, 평가 계획서

시험 : 내신, 학평/ 모평, 수능, 기출

협력 : 인강, 학원, 과외…

사회 : 4 차 산업혁명 시대, 미래 역량

ZPZG – 나의 공부 빅 픽처와 상대 분석하기

좌측의 그림은 고등학생들의 학습, 공부 빅 픽처입니다. 꿈과 목표는 크고 원대하게 설정해서 수능 만점, 수시 합격!! 이라고 했습니다. 빅 픽처를 현실로 가져와 구체적인 꿈 모듈을 만들어야 합니다. 이를 위해 내신, 수능, 논술, 창의적 체험활동, 학생부 종합, 건강관리라는 작은 꿈 모듈을 만들었습니다. 내신 학습이라는 꿈 모듈은 고1, 고2, 고3으로 쪼개고 읽기 능력 기본 만들기, 읽기 능력 강화하기를 작은 모듈로 넣었습니다. 이러한 꿈 모듈을 계획하고(Plan) 실행하고(Do) 점검하고(Monitoring) 피드백(Feedback) 하는 과정을 반복합니다. 물론 작은 꿈 모듈도 모두 스왓 분석을 통해 지금 자신의 강점과 약점, 위기와 기회를 파악해야 합니다. 학생부종합으로 수시로 진학을 하려한다면 자소서, 내신, 비교과, 세특, 독서, 봉사, 창의적 체험활동 등으로 꿈 모듈을 작은 꿈 모듈로 나누어야 합니다. 그리고 Plan – Do – Monitoring – Feedback을 반복하고 작은 꿈 모듈의 스왓 분석으로 강점과 약점을 찾아 학습하고 성장하는 것입니다.

자신을 알고 빅 픽처와 꿈 모듈을 만든 이후에는 상대를 알아야 합니다. 지피지기 백전백승입니다. 학생들은 ZPZG라고도 말합니다. 시험 과목과 시험 범위, 출제 경향, 기출 문제를 모른다면 그만큼 학습과 공부가 어려워집니다. 엉뚱한 시험 범위를 공부할 수도 있습니다. 과목별 중요도에 따라서 공부 시간과 방법도 다르게 적용해야 합니다. 학교에 따라서 내신, 비교과, 각종 수행평가의 평가 방법과 내신 반영이 상이합니다. 시험의 난이도도 천차만별이지요. 원하는 대학에 가기 위해서는 대학별로 서로 다른 전형 방법을 알아야 합니다. 학과별로 내신, 수능 점수, 과목별 점수의 가중치도 모두 다릅니다. 나를 둘러싼 "나의 상대"를 알아야 합니다. 나의 첫 상대는 학교입니다. 내신을 위한 나의 상대는 시험입니다. 지필 평가, 수행평가, 비교과, 학평과 모평, 수능 등 시험의 형태와 종류도 매우 다양하기에 상대를 알아야 합니다. 자기주도 학습이 어렵다면 나의 약점을 보완해주고 강점을 더욱 강화시켜주는 상대는 인강, 학원, 과외, 스터디 동아리, 모둠 활동이 될 수 있습니다. 또 다른 나의 상대는 변화하는 사회입니다. 입시 제도가 변화하고 세상이 요구하는 미래 역량이 변화합니다. 4차 산업혁명과 과학기술 발달로 초연결, 융복합되면서 새롭게 떠오르는 영역, 점차 사라지는 영역과 전공, 산업이 발생합니다. 세상의 변화를 알기 위한 나의 상대는 독서 활동과 뉴스 청취, 신문 읽기 등이 될 수 있습니다.

나의 상대인 학교에 대해 얼마나 알고 있을까요? 담임선생님, 학급 친구들, 과목별 담당 선생님, 교가, 학교 시설 등을 알 수 있습니다. 학교는 3년 동안 여러분 자신에게 교육과 협업을 가르치지만 학업 성취도를 포함한 다양한 "시험과 평가"는 피할 수 없습니다. 하지만 평가의 시기와 방법, 출제 기준과 범위를 사전에 알 수 있다면 더욱 효율적으로 계획을 수립하고 준비할 수 있을 것입니다. 학교는 모든 정보를 알려주지만 이런 정보에 학생들은 "연결"되어 있지 않습니다. 학교의 홈페이지에는 교육 계획서, 교육과정 편제표, 학사 일정, 평가 계획서 등이 모두 공지됩니다. 조금 더 부지런한 학생들은 작년에 올라온 이러한 자료들을 먼저 읽고 올해를 대비합니다. 올해 이런 자료가 새롭게 올라오면 작년과 비교하여 다른 부분만 빠르게 찾아내어 대비합니다. 상대를 분석한다는 것은 연결하지 않으면 변화를 감지하지 못하고 준비하고 대응하는 것 자체가 어려워집니다. 친구는 가까이, 적(상대)은 더욱 가까이하라는 말이 있듯이 "연결" 되지 않으면 성장할 수 없습니다. 연결되어 있으면 각 시기별로 무엇을 어떻게 준비해야 하는지 예측하고 민첩하게 대비할 수 있습니다.

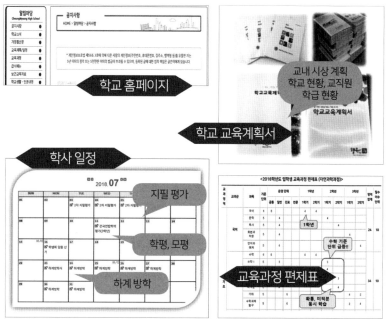

학교에 연결하기 – 홈페이지, 학사 일정, 교육 계획서, 교육과정 편제표

공부의 빅 픽처 - 3년 공부를 빅 픽처로 분석하고 퍼즐 조각으로 쪼갠다

학생들이 해야 하는 고등학교 3년의 전체 학습, 공부 내용을 미리 알 수 있다면 좀 더 효율적으로 공부할 수 있지 않을까요? 할 수 있는 것을 먼저 한다면 그 만큼 이후의 시간을 절약할 수 있습니다. 많은 학생들이 선행 공부에 매달리는 이유가 바로 시간 절약과 더 많은 심화 학습 때문입니다. 고등학교 3년의 학습은 사실 편의적으로 구분한 것입니다. 고1 학생이 미적분과 기하, 벡터를 공부할 수 있고 고3 학생이 기초가 부족하다면 국어 읽기 연습부터 다시 해야 하는 것처럼요. 고1 영어 문법과 고3 영어 문법이 다르지 않습니다. 단지 표현하는 단어나 문장의 구조를 조금 더 어렵게 만들 뿐입니다. 한 걸음 물러서면 전체를 볼 수 있듯이 고등학교 3년의 과정을 한 눈에 살펴보면 어느 시기에 무엇을 공부하거나 어떤 공부를 먼저 시작하고 준비하여 3년의 시간을 효율적으로 보낼 수 있을 지 판단할 수 있습니다. 학년 별로 어떤 시기에 어떤 과목을 배울지를 밝힌 문서가 "교육과정 편제표"입니다. 학교 홈페이지에서 구할 수 있습니다.

강점은 더욱 강하게, 약점은 보완하면서 성장시키는 것이 학습과 공부의 원리입니다. 국어에 강점이 있다면 화법과 작문을 고3에 배우고 문학, 비문학을 고2 시기에 배울 필요가 없는 것이지요. 자신이 주도적으로 먼저 공부할 수 있는 것입니다. 고 3 학생들의 소원은 아마도 자신에게 1년의 시간이 더 주어진다면 이라는 생각일 것입니다.

고1, 고2 학생들이 마치 고3이 되어 해야 할 것을 미리 경험할 수 있다면 학습과 공부에 큰 도움이 됩니다. 수능과 학생부 종합으로 수시를 지원하는 학생들도 같은 생각이겠지요. 어떤 시기에 무엇을 공부할지를 나타낸 도표가 커리큘럼입니다. 학평과 모평, 자소서 쓰기, 대입 서류 전형 작성하기 등을 한 눈에 볼 수 있습니다. 고3이 되는 고2 겨울 방학부터 수능과 고3 공부가 시작됩니다. 이 시기에는

구분	교과 영역	교과 (군)	과목 유형	과목	기준 단위	운영 단위	1학년 1학기	1학년 2학기	2학년 1학기	2학년 2학기	3학년 1학기	3학년 2학기	비고	계 교과군	계 영역
				교육과정 편제표	8	8	4	4							
		국어	일반	문학	5	4			4					26	
				독서	5	4				4					
				화법과 작문	5	5					5				
				실용국어	5	5									
기초		수학	공통	수학	8	8	4	4						24	76
			일반	수학 I	5	5			5						
				수학 II	5	5				5					
				확률과 통계	5	6					3				
		영어	공통	영어	8	8	4	4						26	
			일반	영어 I	5	4			4						
				영어 II	5	4				4					
				영어독해와작문	5	5					5				
			진로	실용영어	5	5						5			

> 3학년 때 배울 과목들은 꼭 3학년 때 배워야 할까?

교육과정 편제표

수능을 위한 각 과목별 기본 개념을 학습합니다. 2월부터 6월까지는 주로 EBS 수능특강 교재와 변형 문제로 학습을 진행합니다. 6월부터 9월까지는 수능 기출문제 분석과 수능과 유사한 모평 시험을 치르게 됩니다. 7월부터 11월까지는 EBS 수능완성과 다양한 수능완성 변형문제, 사설 모의고사 등으로 최종 마무리를 하게 됩니다.

하지만 고3 학생들은 너무나도 바쁩니다. 고3의 1학기 내신까지 학생부 종합에 반영되기에 내신, 비교과, 세특, 봉사, 창체, 동아리까지 신경 써야 하며 자소서와 독서도 해야 합니다. 20년이 넘는 다양한 수능 기출 문제와 변형 문제도 풀어야 합니다. 대학이 원하는 미래 인재 역량도 학교별로 파악하여 면접에 대비해야 합니다. 정말 슈퍼맨 같은 정신력, 체력, 학습력과 자기 관리 역량을 요구합니다. 이런 부분들을 고3 시기에 한꺼번에 준비하려하기 때문에 시간과 역량이 부족하여 멘붕에 이르는 것입니다. 미리 알고 준비하면 그만큼 시간을 절약하고 충분하고 다양하게 대비할 수 있습니다. 마치 수많은 모의고사를 연습하여 수능을 준비하는 것처럼 실전 같은 연습으로 자신을 강화시키는 것입니다.

3년의 학습 과정을 살펴보았다면 빅 픽처를 본 것입니다. 이제 빅 픽처 달성을 위한 꿈 모듈 조각으로 나누어야 합니다. 가령 읽기 훈련, 국어, 수학, 영어, 듣기 평가, 탐구 과목, 한국사, 논술, 학평/ 모평, 학생부, 비교과 등으로 구분합니다.

이처럼 빅 픽처를 쪼갠 꿈 모듈에 예비 고1부터 고3 시기에 무엇을 할지 어떻게 할지 작은 목표를 기록하는 것입니다. 고3 시기에 진행할 내용에 관하여 교육과정 편제표와 EBS 커리큘럼을 이미 확인했기 때문에 자신의 현재 실력과 역량을 감안하여 자신만의 3년 공부 로드맵을 수립하는 것입니다. 다른 학생들이 한다고 무조건적인 선행을 하는 것이 아닙니다. 자신을 점검하고 계획한 로드맵이기에 어떤 과목은 선행이 되고 어떤 과목은 오히려 기초를 다시 점검하는 후행이 될 수 있으며 또 다른 과목들은 심화 공부가 될 수 있습니다.

작성된 자신만의 로드맵은 플래너, 노트, 공책 등에 붙여 가까이 두고 매번 점검과 보완을 해야 합니다. 자주 살펴보지 않는다면 두뇌가 망각 프로세스를 가동하여 쉽고 편한 공부만 하려 하기 때문입니다. 자신만의 로드맵은 성장형 마인드셋이 약해질 때마다 목표를 보여주고 자신의 마음과 행동을 점검하게 합니다. 실수와 실패를 거치더라도 점검과 피드백, 약점 보완을 통해 실패에서 새로운 학습을 하고 훌훌 털고 일어나 약점을 강점으로 만들 수 있도록 동기를 제공해 줍니다.

단계	예비 고1	고1	고2	고3
읽기 훈련	읽기훈련: 인강+ 국어 수능개념	읽기훈련 강화: 국어 수능 강좌		
국어	문법 1회독 문학 수능 개념	수능개념 완성하기: ~ 여름방학 비문학 읽기훈련	기출문제, 작년 수능특강	수능특강 수능완성 파이널 실전문제 사설 실전문제
수학	1년 앞서가기 (바이블, RPM)	1년 앞서가기 내신 : 블랙라벨, 일등급, 학평기출	1년앞서가기 기출문제, 작년수능특강 내신 : 블랙라벨, 일등급, 학평기출	
영어	단어암기, 어법강좌	고1, 고2 학평 끝내기 작년 수능 특강, 수특변형 연습	기출문제, 작년 수능특강	
영어 듣기	고1 영어듣기	모의고사 24회 고2영어듣기 : 여름방학 수능 영어듣기 : 겨울방학	실전 감각 유지	
탐구	통합과학, 통합사회 1회독	물리 1-1학기에 1회 독 화학 1-2학기에 1회독	기출문제, 작년 수능특 강 생명과학 1- 수능개념 2달	
한국사	한국사 1회독	내신+수능 통합 강좌로 대비	기출문제, 작년 수능특강	
논술	읽기 훈련	수학 논술	수학 논술 과탐 논술 과탐 Ⅱ 과목 병행	논술 실전
학평, 모평	국어, 영어 고1 학평 수학은 내신에 맞추기	국어, 영어 고2학평 + 수능기출 탐구과목 2학년 학평	고3 수능기출	
학생부	학생부 개념 알아보기	자소서 사례 읽기 훈련 자소서 쓰기 훈련	자소서 쓰기 Feedback	

점검, 또 점검, 그리고 보완하고 성장하기

완벽한 공부 계획과 자신만의 학습, 공부 로드맵을 구축하고 선행 공부와 심화 공부를 진행하고 수많은 기출 문제를 풀더라도 이상하게 틀린 문제는 반복해서 틀리고 모르는 것은 계속 모르는 현상이 발생합니다. 왜 그럴까요? 학습한 개념과 이론이 완벽하게 자신의 것으로 체화되는 훈련이 부족했거나 알고 있다고 생각한 개념과 이론이 완벽하지 않기 때문입니다. 또한 개념과 개념이 연결되어 새로운 맥락을 만드는 복합 개념 문제와 신 유형에 익숙하지 않기 때문입니다. 그렇다면 어떻게 준비하고 대응해야 할까요? 매번 설명하듯 공부해야 할까요?

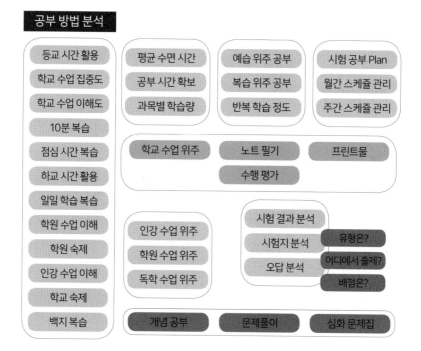

완벽함의 기준이란 있을 수 없습니다. 언제나 불확실성이 존재합니다. 학교 내신 시험과 수능 시험의 난이도가 널뛰기를 하며 매년 불수능, 핵수능이라고 말합니다. 시험 문제와 평가 방법도 성장과 진화를 합니다. 그에 맞추어 학습과 공부도 성장과 진화를 해야 합니다.

핵심은 반복과 점검, 보완하고 성장하기 입니다. 공부를 할 때 참고하는 자습서로 개념서와 유형 문제집이 있습니다. 학생들이 개념은 쉽다고 생각하고 문제의 유형을 암기하려 합니다. 그러면서도 심화 문제집이나 복합 유형을 다룬 문제들은 오히려 기피하고 건너뛰려 합니다. 현재 수준에서 할 만큼만 하겠다는 생각으로 오히려 학습의 성장을 가로막고 있습니다. 그럼에도 수많은 인강, 문제집을 풀었다고 스스로 위안을 삼고 고난도 문제나 복합 문제를 직면했을 때에는 오히려 "틀리라고 낸 문제"라고 스스로 정의해 버리는 것입니다. 도전을 하려다가 이내 포기하고 관심을 두지 않아 관찰과 탐구가 되지 않는 것입니다. 그러다가 성장형 마인드가 점점 고착형 마인드로 바뀌어 "난 해도 안 돼."라고 단언합니다. 이때부터는 마음의 문을 닫고 새로운 시도도 하려하지 않게 됩니다.

개념을 이해하고 반복하여 복습하면 아는 것처럼 생각됩니다. 이때부터 점검을 해야 합니다. 백지 복습으로 자신이 직접 선생님이 되어 설명하고 그려보고 문제집으로 다양한 유형에 적용해 보아야 합니다. 기본 점검과 결과에 만족한다면 조금 더 높은 난이도의 문제를 풀고 이후 복합 유형의 문제에 자신의 지식과 경험을 적용하여 약점을 찾아 다시 보완하고 성장해야 하는 것입니다. 이 과정이 성장형 공부법의 핵심입니다. 문제를 통해서도 새로운 유형과 생각하는 방법을 배울 수 있습니다. 복합 유형 문제는 수많은 개념들이 연결되어 새로운 의미를 만들어 내기에 기본 이론, 개념 설명만으로는 모든 것을 다룰 수 없기에 자기주도 학습과 공교육, 사교육의 도움, 스터디, 친구 등의 도움을 받아야 하는 것입니다. 모든 것은 작은 실행과 반복, 그리고 점검과 보완을 통한 성장의 과정입니다.

학생부 종합 – 성적, 자소서, 면접, 전형 평가 요소의 융복합 결과물

학생부 종합전형은 깜깜이 전형이라고 이야기합니다. 학교와 학과, 전형 방법에 따라 평가 기준이 제각각이기에 지피지기를 적용하기 어렵기 때문입니다. 하지만 학생부 종합전형이라는 빅 픽처를 관찰해보면 학생의 학업 역량, 전공 적합성, 발전 가능성, 인성 등 4개의 평가 모듈로 구성되어 있음을 알 수 있습니다. 대부분의 학생들이 이 기준을 파악하지 않고 상대를 모르고 전형을 준비했기 때문입니다. 학업 역량 부분에서는 학업 성취도, 학업 태도와 학업 의지, 탐구 활동 역량을 평가합니다. 전공 적합성에서는 전공관련 교과목 이수 정도, 전공에 관한 관심과 이해 정도, 전공관련 활동과 경험을 평가합니다. 발전 가능성 부분에서는 자기 주도성, 경험의 다양성, 리더십, 창의적 문제해결 능력을 살펴봅니다. 인성 부분에서는 협업 능력, 나눔과 배려, 소통, 도덕성, 성실성을 평가합니다.

전공 관련 교과목 이수 및 성취도

고교 교육과정에서 지원 전공(계열)에 필요한 과목을 수강하고 취득한 학업 성취의 수준

전공 관련 교과목 이수 및 성취도

지원 전공(계열)에 대한 궁금증을 해결하기 위해 주의를 기울인 태도와 알고 있는 정도

전공 관련 활동과 경험

지원 전공(계열)에 대한 관심을 충족시키기 위해 노력한 과정과 배운 점

협업능력

공동체의 목표를 달성하기 위하여 상호 신뢰를 바탕으로 함께 돕고 함께 생활할 수 있는 역량

학업성취도

교과목의 석차등급 또는 원점수(평균/표준편차)를 활용해 산정한 학업능력 지표와 교과목 이수 현황, 노력 등을 기반으로 평가한 교과의 성취 수준이나 학업적 발전의 정도

나눔과 배려

상대방을 존중하고 이해하여 원만한 관계를 형성하며, 타인을 위하여 기꺼이 나누어 주고자 하는 태도와 행동

학업태도와 학업의지

학업을 수행하고 학습을 해 나가는 자발적인 의지와 태도. 학습자가 스스로 학습 목표를 설정하고 적절한 학습 전략을 선택하여 계획을 수립·실행하는 과정

소통능력

상대방의 의견을 경청하고 공감할 수 있으며, 자신의 정보와 생각을 효과적으로 전달할 수 있는 역량

전공적합성

지원 전공(계열)과 관련된 분야에 대한 관심과 이해, 노력과 준비 정도

학업역량

학업을 충실히 수행할 수 있는 기초 수학능력

학생부 종합전형 평가요소

인성

공동체의 일원으로서 필요한 바람직한 사고와 행동

발전가능성

현재의 상황이나 수준보다 질적으로 더 높은 단계로 향상될 가능성

도덕성

공동체의 기본윤리와 원칙에 따라 행동하고, 부정 또는 부당한 행동을 하지 않는 태도

탐구활동

어떤 대상에 대해 호기심을 가지고 깊고 폭넓게 탐구할 수 있는 능력

성실성

책임감을 바탕으로 꾸준히 노력하여 자신의 의무를 다하는 태도와 행동

자기주도성

스스로 목표를 설정하고 적절한 전략을 선택하여 계획을 수립하고 실행하는 성향

경험의 다양성

학교교육의 다양한 영역에서 직접 겪거나 활동하면서 얻은 성장 과정 및 결과

리더십

공동체의 목표 달성을 위해 구성원의 화합과 단결을 이끌어가는 역량

창의적 문제해결력

창조적이고 논리적인 사고로 문제를 해결하는 능력

좋은 성적과 자소서만 잘 쓰면 된다고 생각했다면 완전히 잘못된 생각과 판단입니다. 총 16개의 항목과 내신 성적, 수능 반영 여부, 면접이 유기적으로 조화되어 최종적인 합격 여부가 결정되기 때문입니다. 그럼에도 불구하고 자소서만 잘 쓰면 원하는 대학, 학과에 갈 수 있다는 일부 사교육 업체의 홍보에 귀를 솔깃하고 자소서가 아닌 소설을 쓰고 타인의 자소서를 모방하여 자신의 스토리를 녹여내지 못하기 때문에 문제가 되는 것입니다. 평가의 기준인 학업 역량, 전공 적합성, 인성, 발전 가능성과 자소서, 면접이 모두 유기적으로 "연결"되어 스토리를 만들어야 하는 것입니다.

학업 역량로 1
학업을 충실히 수행할 수 있는 기초 수학 능력
1) 학업성취도   2) 학업태도와 학업의지   3) 탐구활동

전공 적합성 2
지원 전공(계열)과 관련된 분야에 대한 관심과 이해, 노력과 준비 정도
1) 전공 관련 교과목 이수 및 성취도   2) 전공에 대한 관심과 이해   3) 전공 관련 활동과 경험

인성 3
공동체의 일원으로서 필요한 바람직한 사고와 행동
1) 협업능력   2) 나눔과 배려   3) 소통능력   4) 도덕성   5) 성실성

발전 가능성 4
현재의 상황이나 수준보다 질적으로 더 높은 단계로 향상될 가능성
1) 자기주도성   2) 경험의 다양성   3) 리더십   4) 창의적 문제해결책

학생이 학교에서 활동한다는 것은 내신 성적인 교과, 비교과, 독서, 창체, 세특 등으로 구분됩니다. 활동의 주체는 학생 자신이지요. 하지만 학생부를 기록하는 주체는 담임선생님과 교과별 선생님입니다. 선생님이 학생의 진로 희망사항, 창체, 세특, 행동 특성과 추천서를 작성합니다. 결국 학생은 학생부와 연결하기 위해서 담임선생님, 교과 선생님과 연결해야 하고 선생님들의 평가 기준에 연결되어야 하는 것입니다. 연결되지 못한다면 원하는 결과를 얻을 수 없지요.

대학은 학생부와 자소서, 면접을 활용하고 앞서 이야기한 16개의 학생부 종합 전형 평가요소로 학생을 평가합니다. 학업 역량은 주로 내신 성적이지만 전공 적합성, 인성, 발전 가능성 등은 어떻게 평가받을 수 있을까요? 이 부분이 바로 자신을 소개하는 자소서입니다. 학교생활 기록부에서의 강점과 약점을 파악해서 이를 자소서에 어떻게 극복하고 배우고 느꼈는지를 자신만의 스토리로 녹여 내야 하는 것입니다. 결코 다른 사람의 이야기를 모방해서는 자신을 표현할수 없는 것이지요. 이런 부분은 면접에서 모두 드러나게 됩니다.

뒷면의 그림은 학생부 종합 전형에 관하여 학생, 선생님, 대학이 서로 유기적으로 연결되어 있고 각자가 어떠한 역할을 수행하는지를 하나의 빅 픽처로 나타낸 것입니다. 이제 이 빅 픽처를 작은 모듈로 나누어 하나씩 점검하고 보완하며 성장해야 합니다. 강점을 더욱 강화하고 약점을 보완하는 노력과 과정을 정리하여 자소서에 표현하고 면접에서 자신을 드러내야 하는 것입니다.

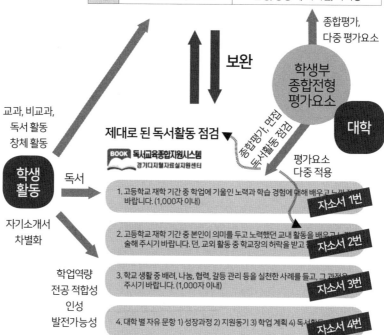

학교 생활 기록부

번호	항목	평가 내용
1	인적 사항	학습 환경 파악, 환경 극복 의지
2	학적 사항	학교환경 파악, 준법성, 인성 파악
3	출결 사항	성실성, 학업의지, 준법 정신
4	수상 경력	자기주도성, 학업역량, 전공적합성
5	자격증 및 인증 취득 현황	한 분야에 대한 관심과 열정 파악
6	진로 희망 사항	관심, 갈등관리 등
7	창의적 체험 활동	자기 주도성, 진로 의지
8	교과 학습 발달 상황	학습역량, 상호작용, 도덕정신, 성실성
9	독서활동 상황	지적 호기심, 상호작용, 전공 적합성
10	행동특성 및 종합의견	인성, 공동체, 리더십, 사회성

선생님

진로희망사항,
창체, 세특 의견
행동특성 종합의견
추천서

보완

종합평가,
다중 평가요소

**학생부
종합전형
평가요소**

대학

교과, 비교과,
독서 활동
창체 활동

제대로 된 독서활동 점검 ▼

BOOK **독서교육종합지원시스템**
경기디지털자료실지원센터

**학생
활동**

독서

종합평가, 면접 점검
중 독서활동 점검

평가요소
다중 적용

자기소개서
차별화

1. 고등학교 재학 기간 중 학업에 기울인 노력과 학습 경험에 대해 배우고 느낀 점을
바랍니다. (1,000자 이내) **자소서 1번**

2. 고등학교 재학 기간 중 본인이 의미를 두고 노력했던 교내 활동을 배우고 느낀 점을
술해 주시기 바랍니다. 던, 교외 활동 중 학교장의 허락을 받고 **자소서 2번**

학업역량
전공 적합성
인성
발전가능성

3. 학교 생활 중 배려, 나눔, 협력, 갈등 관리 등을 실천한 사례를 들고, 그 과정을
주시기 바랍니다. (1,000자 이내) **자소서 3번**

4. 대학 별 자유 문항 1) 성장과정 2) 지원동기 3) 학업 계획 4) 독서활 **자소서 4번**

자기 소개서 – 질문의 골든 서클로 스토리를 만드는 공부

자소서 구성 요소

1. 고등학교 재학 기간 중 학업에 기울인 노력과 학습 경험에 대해, 배우고 느낀 점을 중심으로 기술해 주시기 바랍니다.

2. 고등학교 재학 기간 중 본인이 의미를 두고 노력했던 교내 활동을 배우고 느낀 점을 중심으로 3개 이내로 기술해 주시기 바랍니다. 단, 교외 활동 중 학교장의 허락을 받고 참여한 활동은 포함됩니다.

3. 학교 생활 중 배려, 나눔, 협력, 갈등 관리 등을 실천한 사례를 들고, 그 과정을 통해 배우고 느낀 점을 기술해 주시기 바랍니다.

4. 대학 별 자율 문항
   1) 성장과정 2) 지원 동기 3) 학업 계획 4) 독서 활동

모두 공통   What : 학업노력, 학습경험

1. 고등학교 재학 기간 중 학업에 기울인 노력과 학습 경험에 대해 배우고 느낀 점을 중심으로 기술해 주시기 바랍니다. (1,000자 이내)

HOW : 배우고 느낀 점

What : 교내 활동 ← 의미 두고 노력

2. 고등학교 재학 기간 중 본인이 의미를 두고 노력했던 교내 활동을 배우고 느낀 점을 중심으로 3개 이내로 기술해 주시기 바랍니다. 단, 교외 활동 중 학교장의 허락을 받고 참여한 활동은 포함됩니다. (1,500자 이내)

HOW : 배우고 느낀 점

What : 사례 (배려, 나눔, 협력, 갈등관리)

1. 학교 생활 중 배려, 나눔, 협력, 갈등 관리 등을 실천한 사례를 들고 그 과정을 통해 배우고 느낀 점을 기술해 주시기 바랍니다. (1,000자 이내)

HOW : 배우고 느낀 점

고3 학생들은 여름방학에 앞서 고민이 많습니다. 학생부 종합 전형을 이용하여 수시로 진학하거나 수능 시험을 보는 정시로 진학하는 갈림길에 서게 됩니다. 특히 수시를 지원하는 학생들은 이때부터 자소서 작성으로 많은 시간을 빼앗기게 됩니다. 마음은 급하고 이야깃거리는 생각나지 않은 상태에서 자소서의 중요성만 생각하니 두뇌의 수많은 생각들이 정리되지 않고 자신과 두뇌가 밀당 조차 하지 못하는 상태가 되는 것입니다.

자소서 완성이라는 빅 픽처를 생각할 때 빅 픽처를 구성하는 모듈이 어떻게 구성되어 있는지 확인해야 합니다. 자소서는 총 4개의 질문으로 구성됩니다. 1번 항목은 학업 역량과 학습 경험, 두 번째 질문은 교내 활동, 세 번째 질문은 배려, 나눔, 협력, 갈등 관리이며 마지막 질문은 대학별 질문으로 주로 독서, 지원 동기, 학업 계획, 성장 배경을 답해야 합니다. 우선 각 질문의 공통점을 생각해 보아야 합니다. 각각의 질문에 대해 "배우고 느낀 점"을 기술해야 한다는 것이지요.

문제를 독해한다는 말이 있습니다. 문제를 올바르게 파악하지 못하면 무엇을 묻는지 어떠한 답을 해야하는지 이해하지 못하고 동문서답을 하게 됩니다. 주어진 문제에 대해 질문의 골든 서클인 왜(Why?), 어떻게(How?), 무엇을(What?) 항목을 대입해 보는 것입니다. 자소서 4개 질문의 왜(Why?)는 무엇일까요? 자소서를 통해 자신의 강점을 드러내고 약점을 어떻게 보완하고 그 과정에서 무엇을 배우고 느꼈는지를 소개하라는 것입니다. 즉 학생의 스토리를 듣고 싶으니 주어진 문제에 알맞게 답을 해야 한다는 것입니다.

이제 1번 질문에 무엇? 과 어떻게? 라는 질문을 적용해 봅니다. 1번 질문의 무엇은 학업 노력, 학습 경험이 되며 어떻게는 배우고 느낀 점을 기록한다는 것입니다. 2번 질문의 What? 과 How? 에 대한 답변은 의미를 두고 노력한 교내 활동, 배우고 느낀 점이 됩니다.

3번 질문에 대한 What? 과 How? 는 배려, 나눔, 협력, 갈등 관리의 구체적인 경험을 이야기하고 그 과정에서 배우고 느낀 점을 기록하는 것입니다. 이런 부분들이 모여 자신의 스토리를 만들게 됩니다.

독서, 신문 읽기 - 세상의 지혜를 모아라

아이작 뉴턴은 자신의 업적에 대해 거인의 어깨에 올라섰기에 더 넓고 깊게 세상을 볼 수 있었다고 이야기했습니다. 거인의 어깨란 세상에 존재하는 무수한 지식과 지혜이며 어깨에 올라섰다는 것은 지식과 지혜를 연결하고 그것을 바탕으로 가치와 맥락을 만들어 창조를 이룩했다는 것입니다. 이진법을 만들어 서양 과학의 기초를 만든 라이프니치는 태호 복희의 음양 사상과 주역에서 영감을 얻어 이진법 체계를 완성했습니다. 세상의 수많은 창조는 과거와 현재의 수많은 지식과 지혜, 경험과 가치를 연결한 융복합의 결과물입니다.

아침 일찍 일어나 학교에 등교하고 저녁 늦게까지 자율학습이나 학원, 인강으로 공부하는 학생들이 언제 봉사 활동, 창의적 체험 활동, 비교과와 세특 활동을 할 수 있을까요? 일부 인기 있는 봉사활동은 대기 순서만 몇 년을 기다려야 할 정도입니다. 과학에 관심이 있다고 로킷을 만들고 TV와 스마트폰을 분해해야 할까요? 요리사가 되고 싶다고 지금 요리 학원에 등록해야만 체험 활동일까요? 과학과 수학에서의 창의적 체험 활동은 반드시 공식과 원리를 증명하고 소논문을 작성해야만 가능한 것일까요? 그런데 왜 대학들은 독서를 강조할까요?

경험한다는 것은 직접적인 경험과 간접 경험으로 구성됩니다. 자신이 직접 만들고 배우고 느끼고 생각할 수도 있지만 다른 사람의 경험과 지혜, 지식, 배우고 느낀 점을 바탕으로 또 다른 가치와 맥락을 만들고 성장의 계기로 만들 수 있습니다. 이러한 간접 경험의 소재가 바로 독서입니다. 학생들이 학교에서 공부하는 대부분의 내용도 사실 과거와 현재의 수 많은 사람들이 만들어낸 경험을 책을 통해서, 개념과 원리로 배우는 것입니다.

국어 공부를 하면서 인문학 고전을 읽고 과학 공부를 하며 동서양의 신화를 읽어 상상력을 풍부하게 만들 수 있습니다. 미술 시간에 동서양 건축사와 세계의 명화에 관한 책을 읽으며 작품 감상을 할 수 있습니다. 음악 시간에 음악을 통한 심리 치료나 전자 음악, 작곡과 전자 음악, 힙합의 역사를 책으로 경험할 수 있습니다. 인공지능과 빅데이터로 대표되는 4차 산업혁명이 무엇인지 배우기 위해 클라우스 슈밥의 제 4차 산업혁명 서적을 읽을 수 있는 것입니다. 이를 통해 자신이 배우고 느낀 점을 기록하면 독후감, 세특, 창체 활동이 될 수 있고 자소서에 녹여낼 훌륭한 소재가 되며 자신을 지속적으로 성장시키는 영양분이 되는 것입니다. 관심 분야 이외에도 새로운 분야를 경험하고 싶을 때에도 독서를 활용할 수 있습니다.

공학에 관심 있는 학생이 의학과 공학이 어떻게 연결되고 융복합되는지 알아보려 의용공학 책을 읽을 수 있고 관련된 영화를 보며 배우고 익힐 수 있는 것입니다.

독서의 또다른 방법은 신문 읽기입니다. 세상은 매일 새롭게 변화하고 있습니다. 모든 것이 연결되어 새로운 가치를 만드는 초연결, 초지능, 융복합의 시대입니다. 매일같이 신기술과 서비스가 등장하고 과학 기술은 문학, 예술, 경제, 산업과 결합하여 세상을 바꾸고 있습니다. 이처럼 세상의 변화를 가장 빠르게 전달하는 매체가 신문입니다. 신문을 통해 새로운 정보를 얻고 세상의 변화에 연결하여 가치를 찾고 성장의 계기를 만들게 되는 것입니다.

꿈 너머의 꿈 – 전공, 대학 진학, 진로 선택 이후에는?

지필 평가를 마치면 많은 학생들이 갑자기 허탈한 마음을 갖게 됩니다. 정말 간절히 원하던 스마트폰을 갖게 되었고 다양한 기능을 만족하지만 무엇인가 허전합니다. 원하던 전공과 대학에 진학했는데 세상을 다 가졌다는 생각은 잠시 뿐입니다. 자신이 생각한 빅 픽처와 목표를 달성했음에도 공허한 마음이 드는 것은 왜일까요? 지금 학생들의 빅 픽처와 꿈은 진로 선택, 원하는 전공과 대학에 합격하는 것을 생각할 수 있습니다. 그 이후의 꿈, 꿈 너머 꿈을 생각하는 것은 오히려 사치라고 여길 수도 있습니다.

꿈이 없는 사람은 불행하고 꿈을 가진 사람은 행복하며 꿈 너머의 꿈을 꾸는 사람은 위대하다고 말합니다. 학생이 성장하여 성인이 되며 현재의 학습이 연결되고 다양하게 융복합하여 성장하는 것처럼 꿈도 성장하고 연결하며 진화하는 생명체가 되어야 합니다. 그것이 꿈 너머의 꿈입니다. 미국과 유럽 학생들의 꿈 너머 꿈은 대부분 더 나은 세상을 만든다(Make the better world)는 것입니다. 그 과정에서 자신의 수많은 꿈들이 만들어지고 이루어지며 때로는 버려질 수 있지만 궁극적으로 자기 자신만을 생각하는 개인의 꿈에서 다른 사람과 연결하고 세상과 연결하여 공공의 선(Common Good)에 기여하여 더 나은 세상을 만드는 공동의 꿈, 함께하는 꿈으로 성장시키고 진화합니다. 그렇기에 하나의 꿈을 이루더라도 다음의 꿈이 존재하고 또다시 자신을 자극하는 동기를 만들어 도전과 실패를 거듭하고 학습하여 성장하는 것입니다. 자신만의 빅 픽처인 커다란 고래를 그렸다면 고래가 헤엄치는 넓은 바다와 지구, 지구를 포함하는 더 큰 우주를 생각해 보는 것입니다. 살아있는 생생한 꿈 너머의 꿈을 꾸는 사람만이 성장할 수 있습니다.

Secret 7

청소년을 위한 인생 조언 명언

빅 픽처와 꿈을 위한 조언

사람은 생각하는 대로 성장한다. 자신이 바라는 기준을 낮추면 더 이상 성장하지 못한다. 목표를 높게 잡으면 다른 사람이 하는 보통의 노력만으로도 위대한 존재로 성장할 것이다. -피터 드러커

꿈을 향해 나아가는 사람들은 자신의 한계를 넘어 멀리 나아간다. 잠재력에는 한계가 없다. 단지 한계라고 생각하는 순간 한계가 만들어 진다. -로버트 크리겔

당신은 세상의 놀라움이다. 세상 어디에도 당신과 같은 사람이 없다. 어떤 것도 해낼수 있는 능력을 갖고 있지만 찾지 못하고 보지 못할 뿐이다. -파블로 피카소

꿈을 이룬 사람들은 결코 자신을 다른 사람과 비교하지 않는다. 그들은 자신이 이룬 성취와 현재와 미래의 가능성만을 비교한다. -브라이언 트레이시

자신을 성장시키지 않는다면 그것은 죄악이다. 꿈과 비전으로 사는 사람들은 평범해질 틈이 없다. -마사 그레이엄

꿈과 목적이 있는 사람들은 험난한 길을 마주해도 앞으로 전진하고 목적 없이 사는 사람들은 평탄한 길도 주저하여 머뭇거린다. -토머스 카알라일

성공한다는 것은 얼마나 스펙을 쌓았는가가 아니라 자신과 타인에게 어떠한 영향을 미쳤고 변화시켰는지를 기준으로 삼는 것이다. -토머스 J. 드롱

인생의 목적은 이기는 것이 아니라 성장하고 나누며 베푸는 것이다. 경쟁에서 이기는 것보다 그들의 삶에 기쁨을 주어 더 큰 만족을 얻게 된다. -헤롤드 쿠시너

성공이 행복의 목적이 아니라 행복이 성공의 열쇠이다. 자신과 자신의 일을 사랑하는 사람은 이미 성공한 사람이다. -알버트 슈바이처

생생하게 생각하고 간절하게 소망하고 진정으로 믿으며 열정적으로 실천한다면 무엇이든 이룰 수 있다. 이러한 힘은 목표 설정에서 시작된다. 목표를 명확하게 설정하면 그 목표는 신비한 힘을 발휘한다. -폴 J. 마이어

위대한 사람은 크고 원대한 꿈을 꾸지만 평범한 사람들은 평범한 꿈을 갖는다. 자신을 변화시키고 성장시키려 한다면 꿈의 크기부터 바꾸어야 한다. -로버트 기요사키

사람은 늙어서 꿈을 중단하는 것이 아니라 새로운 도전을 망설일 때 늙는 것이다. 꿈이 없다면 자신도 모르는 사이에 시들어 버린다. -엘링 카케

이루고 싶은 모습을 마음속에 그리고 충분한 시간 동안 간직하고 있으면 반드시 그대로 실현될 수 있다. -윌리엄 제임스

원대한 목표를 달성하려면 우왕좌왕하지 말고 굳게 다짐하고 반드시 이룰 수 있다고 믿어라. 간절함이 없다면 꿈을 꿀 필요도 없다. -이나모리 가즈오

구체적인 목표는 명확한 결과를 가져온다. 하지만 막연한 계획은 아무런 결과도 가져오지 못한다. -강헌구 교수

크고 어려운 목표는 두뇌를 살아나게 한다. 어렵고 도전적인 목표는 두뇌의 리소스가 부족하다고 판단하고 덜 중요한 목표들을 모조리 몰아낸다. 두뇌의 힘이 한 곳에 집중되면 더 나은 성과를 얻을 수 있다. -마크 머피

어려운 꿈과 목표는 달성하고자하는 투지가 샘솟는다. 목표를 달성하기까지 과정을 즐겨라. 그러면 반드시 성과를 얻게 된다. -에드워드

꿈을 이루는 최선의 방법은 목표를 세우고 집중하는 것이다. 희망 사항이 꿈의 목록으로 바뀌고 해야만 하는 일의 목록으로 바뀌며 결국 이루어낸 목록으로 바뀐다. 꿈은 머리로 생각하는 것이 아니다. 가슴으로 느끼고 손으로 적고 발로 뛰는 것이 꿈이다. -존 고다드

세상에는 위대한 진실이 있다. 무언가를 모든 마음을 다해 원한다면 반드시 이루어진다는 것이다. 마음은 우주의 마음에서 비롯된 것이다. 이것을 실현하는 것이 이 땅에서 당신이 맡은 임무이다. -파울로 코엘료

나는 하루도 빠짐없이 미래를 생생하게 그려왔다. 노력이나 재능보다 훨씬 더 중요한 것은 성공을 꿈꾸는 능력이다. -콘래드 힐튼

꿈과 목표에 다가설수록 고난은 더욱 커진다. 이때가 바로 목표가 현실에 다가오는 순간이다. 성취라는 것은 가까이 다가올수록 더 큰 고난을 숨긴다. -괴테

성공하는 사람들은 하기 싫어하는 일을 습관으로 만들어 한다. 이들에게는 목적의 식이라는 힘으로 하기 싫음을 극복하고 하고 싶은 일로 만든다. -알버트 그레이

인생의 목표를 정하려면 자신이 정말 잘하는 것, 정말 하고 싶은 것, 사회가 원하는 것, 옳다는 확신이 드는 것을 생각하라. 이것이 바로 재능, 열정, 필요, 양심이다.
-프랭클린 코비

눈앞의 변화에만 급급하여 집중하기에 멀미를 느끼게 된다. 몇 백 킬로 앞을 내다보면 평온함과 느낄 수 있다. 크고 멀리 보아야 한다. -손정의 회장

타인을 따라 해서는 결코 탁월함을 얻을 수 없다. 똑같이 행동함으로써 탁월함을 기대할 수 없다. -제프리 페퍼

95%의 사람들은 인생 목표를 글로 기록하고 눈으로 보지 않는다. 하지만 글로 기억하고 눈으로 보며 읽는 5%의 사람들 중 95%가 자신의 목표를 이루었다. -존 맥스웰

가장 위험한 일은 목표를 너무 높게 잡고 거기에 이르지 못하는 것이 아니라 목표를 너무 낮게 잡고 도달하여 만족하는 것이다 -미켈란젤로

무엇인가를 하기 전에 15분간 생각하면 이후 4시간을 절약할 수 있다. 미리 생각하고 우선순위를 정하면 생각 없이 하루를 보내는 사람들보다 성공의 가능성을 더욱 높일 수 있다. -제임스 보트킨

남들과 다름이 꼭 필요한 사람이 되는 것은 아니지만 꼭 필요한 사람이 되는 유일한 방법은 남들과 달라지는 것이다. 다름이 없다면 무수한 사람들 중 한 명에 불과하다. 대체불가능한 사람만이 살아남을 수 있다. -세스 고딘

스스로 못할 것이라고 생각하는 것은 자신을 속이는 가장 큰 거짓말이다.
-존 록펠러

용기와 열정, 노력을 위한 조언

나는 9천 번 이상의 슛을 실패했고 3백 번의 경기를 졌다. 특히 중요한 26번의 경기에서 임무에 실패했고 인생에서 거듭된 실패를 지속했다. 이것이 내가 성공한 이유이다. -마이클 조던

성공의 비결은 결코 운이 아니다. 셀 수 없이 많은 고통에 몸이 찢겨 나가도 웃으며 앞으로 나아갔던 사람들의 시린 상처를 들춰보라. 거기에 답이 있다. 까지고 부러지고 찍어진 내 두발, 30년 동안 아물지 않은 그 상처가 나를 키웠다. 성공한 사람의 부와 명예만을 바라보지 마라. 또 그걸 운으로 이룬 것이라 생각하지 말라.
-발레리나 강수진

나의 유일한 경쟁자는 어제의 나다. 눈을 뜨면 어제 살았던 삶보다 더 가슴 벅차고 열정적인 하루를 살려고 노력한다. 연습실에 들어서며 어제 한 연습보다 더 강도 높은 연습을 한 번, 1분이라도 더 하기로 마음먹는다. 어제를 넘어선 오늘을 사는 것, 이것이 내 삶의 모토이다. -발레리나 강수진

어떤 사람은 1시간을 한 뒤에도 열심히 했다고 말한다. 내가 말하고 싶은 것은 세상에서 나보다 열심히 하는 사람이 없다는 느낌이 들 정도로 열심히 하라는 말이다. 천재는 노력하는 사람을 이길 수 없고, 노력하는 사람은 즐기는 사람을 이길 수 없다.
-축구선수 이영표

다른 사람들로부터 인정을 받기 위해서는 부단한 연습 이외에 다른 방법이 없습니다. 타고난 재능이란 인간이 만들어낸 허구에 불과합니다. 나는 슬럼프에 빠지면 더 많은 연습을 통해 정상을 되찾곤 합니다. -타이거 우즈

과학적인 발견이 우연한 기회에 이루어졌다면 이러한 우연한 기회는 평소 자질을 갖춘 사람, 독립적인 사고를 하는 사람 그리고 중도에 포기하지 않고 끝까지 노력하는 사람에게 찾아온다. 게으른 사람에게 우연한 기회란 없다. -중국 수학자, 화뤄겅

바이올린 천재라고? 지난 37년간 하루도 빠짐없이 매일 14시간씩 연습했는데 그들은 나를 천재라고 부른다. -사라 사테

보보시도량(步步是道場), 이것이 인생이다. 사람은 늙어 죽는 것이 아니다. 한 걸음 한 걸음 길을 닦고 나아가기를 멈출 때 죽음이 시작되는 것이다. -삼성 이병철 회장

평생학습은 당신을 젊게 만들고 뇌세포가 늙지 않으며 뇌세포가 건강하면 육체도 건강해진다. 사람은 호기심이 없어지면서 늙는다. 학습은 젊어지고 삶을 즐길 수 있게 한다. -피터 드러커

에베레스트 산을 어떻게 올랐는지 궁금한가? 간단하다. 한 발, 한 발 걸어서 올라갔다. 진정으로 바라는 사람은 이룰 때까지 한다. 안된다고 좌절하는 것이 아니라 방법을 달리하여 시도하고 원인을 분석하고 연구한다. 이때 운명이 손을 들어주는 것이다. -에드먼드 힐러리 경

바이올린 천재라고? 지난 37년간 하루도 빠짐없이 매일 14시간씩 연습했는데 그들은 나를 천재라고 부른다. -사라 사테

꿈을 이루지 못한 사람들은 "나는 재능이 없었어."라고 말한다. 꿈을 이루지 못한 이유가 재능이 없었다는 것이라면 꿈을 이룬 사람들은 모두 "재능이 있었다."라고 대답하는 것이 맞겠지만 성공한 사람 중에 그런 대답을 한 사람은 한 명도 없다. 꿈을 이룬 사람들은 "정말로 하고 싶었던 일을 열정을 가지고 계속 했을 뿐이다."라고 말한다. -기타가와 야스시

천재는 보통 사람과 다를 게 없다. 다만 몰입함으로써 자신에게 숨어있는 재능을 인지하는 보통 사람일 뿐이다. 몰입하고 또 몰입하면 어떤 문제도 풀리게 마련이고, 그런 과정을 되풀이함으로써 자신도 모르게 천재가 되는 것이다. -윈 웽거 박사

성공의 비결은 남들이 잘 때 공부하고, 남들이 빈둥거릴 때 일하며, 남들이 놀 때 준비하고, 남들이 그저 바랄 때 꿈을 갖고 행동하는 것이다. -윌리엄 A. 워드

행동하지 않는다면 작은 개울도 건널 수 없다. 꿈과 목표가 있더라도 노력하지 않으면 소용이 없다. 꾸준한 노력은 성공에 가까이 마주하게 한다. -알랭

재능은 식탁에서 쓰는 소금보다 흔하다. 재능 있는 사람과 성공한 사람을 구분 짓는 기준은 오로지 엄청난 노력뿐이다. 타고난 재능을 가지고 있다는 것은 출발선에서 조금 앞에 섰다는 의미에 불과하다. -스티븐 킹

목표를 관철하고 말겠다는 집념은, 기개가 있는 자의 정신을 단단히 바치고 있는 기둥이며 성공의 최대 조건이다. 이것이 없다면 아무리 천재라고 할지라도 이리저리 방황하게 되고 헛되이 에너지를 소비할 뿐이다. -채스터필드

위대한 사람은 단번에 그와 같이 높은 곳에 뛰어오른 것이 아니다. 많은 사람들이 밤에 단잠을 잘 적에 그는 일어나서 괴로움을 이기고 일에 몰두했던 것이다. 인생은 자고 쉬는 데 있는 것이 아니라 한 걸음 한 걸음 걸어가는 그 속에 있다. 성공의 일순간은 실패했던 몇 년을 보상해 준다. -로버트 브라우닝

작은 걸음도 쌓이지 않으면 천 리에 이를 수 없고 작은 물줄기가 모이지 않으면 큰 강과 바다가 될 수 없다. 한 번의 도약으로 열 걸음을 갈 수 없으며 둔한 말이라도 열 마리가 끌면 그 결과가 달라진다. 인내심을 갖고 끝까지 하면 쇠와 돌도 다듬을 수 있다. -순자

성공한 사람들의 진실은 자신의 게으름, 무지와 싸우며 한 계단 한 계단을 힘겹게 올라 정상에 이르렀다는 점이다. -제임스 톨

좋아하는 일을 해야 한다고 말하는 사람이 많다. 그러나 좋아하는 회사에 가서, 희망하는 부서에 배치되고 원하는 일을 하는 사람은 1만 명 중 한 명도 되지 않는다. 나머지 9,999명은 불행하고, 좋아하지도 않는 일을 억지로 해야 하기 때문에 능률이 떨어질까? 그렇지 않다. 오히려 자신이 좋아하지 않는 분야에서 출발했지만 그 분야에서 두각을 나타내는 사람이 크게 성공할 수 있다. -이나모리 가즈오

좋은 경쟁은 자신과의 경쟁이다. 오로지 자신에게 충실하며 목표를 향해 전력 질주하는 경쟁이다. 나쁜 경쟁의 주체는 남이다. 오로지 남과 비교하여 이기는 데 목표를 둔다. 인생이라는 마라톤의 참된 의미는 자신과 싸워 자신의 역량을 최대한 발휘하는 것에 있다. -강지원

승리는 모든 것을 갖춘 자를 기다린다. 그것이 성공이다. 필요한 절차를 등한시한 사람들에게는 반드시 실패가 찾아온다. 이것을 불행이라 부른다. -아문센

오늘 즉시 한 가지 행동을 결정하라. 나쁜 습관을 버리고 좋은 습관, 새로운 습관을 만드는 것은 새로운 운명을 열어줄 것이다. -릴케

배움에 갈증을 느껴야 한다. 성장하지 않으면 퇴보한다. 아무리 잘 훈련된 운동선수라도 훈련을 중단하면 72시간부터 능력이 감소한다. - 브라이언 트레이시

성공한 사람은 그를 전문가라고 생각할 때조차 자신이 얼마나 무지하고 더 배워야할지 안다. 실패한 사람은 자신이 무지함을 알기도 전에 다른 사람이 자신을 전문가로 불러주기만을 원한다. - 시드니 해리스

절박하게 고민하고 행동해야 성공하는 것이다. 적당히 남들만큼 해서는 결코 치열한 경쟁에서 생존할 수 없다. - 워렌 버핏

수천 걸음을 내디딘 후에도 효과가 없는 것으로 생각하여 포기할 수 있다. 그러나 성공은 바로 그 다음 길모퉁이에 숨어있는 것이다. 내가 그 모퉁이까지 한 발자국 더 가지 않는 한, 성공에 얼마나 가까이 왔는지 알 수 없다. - 오그 만디노

성공한 사람은 작은 일이 쌓이고 쌓여 큰 일이 되는 체험을 해온 사람들이다. 작은 일을 소중하게 생각하라. - 빌 클린턴

성공은 그 사람의 현재 지위로 평가되는 것이 아니라 성공을 위해 얼마나 수많은 장애물을 극복했는가로 평가된다. - 부커 워싱턴

시련과 좌절, 실패에서 일어서는 조언

미국 콜로라도 협곡에 사는 독수리들은 가시가 많은 아이언우드라는 나뭇가지로 둥지를 만든다. 처음엔 새끼가 날카로운 가시에 찔리지 않게 둥지 안을 깃털과 풀로 겹겹이 깐다. 그러나 어느 정도 자라면 깃털과 풀을 버린다. 가시를 피해 가장자리로 올라가는 새끼를 어미는 둥지 밖으로 떨어지게 한다. 새끼 독수리는 깊은 바닥으로 추락하지 않기 위해 날개를 퍼덕거리면서 자연스럽게 나는 것을 배운다. - 박종평

삶에 의미가 있다면, 그것은 시련이 주는 의미이다. 시련은 운명과 죽음처럼 삶의 빼놓을 수 없는 한 부분이다. 시련과 죽음 없이 인간의 삶은 완성될 수 없다.
- 빅터 프랭클, 죽음의 수용소에서

태양이 찬란해 보이는 것은 밤이 있기 때문입니다. 만약 어둠이 없고 찬란한 태양만 있다면 사람들은 진저리를 낼 것입니다. 희망은 좌절, 실패, 슬픔, 불행, 고통 같은 부정적인 것들을 통해 더욱 선명해집니다. 희망은 인간에게 태양과 같은 것이고 인간을 아름답게 만드는 기적 같은 것입니다. 기적은 희망을 통해 이루어집니다. – 김홍신

어린 시절 내 고향 산골에서는 눈이 쌓이면 삼나무가 딱 소리를 내며 쪼개지곤 했다. 반면에 대나무는 마디가 있어 낭창낭창 휘어지므로 어지간히 쌓인 눈은 거뜬히 견뎌냈다. 빨리 성장하는 삼나무는 눈 무게를 견디지 못하고 쉽게 부러지지만 일정 간격으로 마디가 있는 대나무는 휘어질지언정 부러지는 법이 없다. – 스즈키 오사무 회장

독수리가 더 빨리, 더 쉽게 날기 위해 극복해야 할 유일한 장애물은 '공기'다. 그러나 공기를 모두 없앤 다음 진공 상태에서 날게 하면, 그 즉시 땅바닥으로 떨어져 아예 날수 없게 된다. 공기는 저항이 되는 동시에 비행을 위한 필수조건이기 때문이다. 마찬가지로 인간의 삶에서도 장애물이 성공의 조건이다. – 존 맥스웰

그때는 몰랐지만 애플에서 해고당한 것은 내 인생 최고의 사건이었다. 애플에서 나오면서 성공에 대한 중압감을 다시 시작할 수 있다는 가벼움으로 대체할 수 있었다. 그 시기는 내 인생에서 가장 창조적인 시간이었다. 애플에서 쫓겨난 경험은 매우 쓴 약이었지만 어떤 면에서 환자였던 내게는 정말로 필요한 약이었다. – 스티브 잡스

고통은 깨달음을 준다. 고통이 없다면 우리는 성장할 수 없다. 고통과 슬픔을 경험한 후에 우리는 진리 하나를 얻는다. 만약 지금 당신에게 슬픔이 찾아왔다면 기쁘게 맞이하고 마음속으로 공부할 준비를 갖추어라. 그러면 슬픔은 어느새 기쁨으로 바뀌고 고통은 즐거움으로 바뀔 것이다. – 톨스토이

나는 하느님이 주신 3가지 은혜 덕분에 크게 성공할 수 있었다. 첫째, 집이 몹시 가난해 어릴 적부터 구두닦이, 신문팔이 같은 고생을 통해, 세상을 살아가는데 필요한 많은 경험을 쌓을 수 있었고 둘째, 태어났을 때부터 몸이 몹시 약해 항상 운동에 힘써왔기 때문에 건강을 유지할 수 있었으며 셋째, 나는 초등학교도 못 다녔기 때문에 모든 사람을 다 나의 스승으로 여기고 누구에게나 물어가며 배우는 일에 게을리하지 않았다. – 마쓰시타 고노스케

장벽이 있는 것은 다 이유가 있기 때문이다. 우리를 내몰려고 장벽이 있는 것이 아니다. 장벽은 우리가 무엇인가를 얼마나 절실히 원하는 지 깨달을 수 있도록 기회를 제공하는 것이다. 왜냐하면 장벽은 그것을 절실하게 원하지 않는 사람들을 멈추게 하려고 거기 있기 때문이다. 장벽은 당신이 아닌, 다른 사람들을 멈추게 하려고 거기 있는 것이다. ‐랜디 포시

진주는 조개의 상처 때문에 생긴다. 조개 안에 모래알 같은 이물질이 들어오면 조개는 그것을 감싸기 위해 체액을 분비하는데, 그 체액이 쌓여 단단한 껍질을 이루어 진주가 된다. 진주는 상처의 고통을 영롱한 아름다움으로 승화시킨 결과다.
‐정호승 시인

바다에 사는 수많은 물고기 가운데 유독 상어만 부레가 없다. 부레가 없으면 물고기는 가라앉기 때문에 잠시라도 멈추면 죽게 된다. 그래서 상어는 태어나면서부터 쉬지 않고 움직여야만 하고, 그 결과 몇 년 뒤에는 바다 동물 중 가장 힘이 센 강자(强者)가 된다. ‐장쓰안

추운 겨울을 보낸 봄 나무들이 더 아름다운 꽃을 피우듯이, 진정한 고난과 시련을 경험하지 않은 사람은 크게 성장할 수 없고, 눈앞에 다가온 행운도 잡지 못하는 법이다. 내 경우에는 인생을 살면서 경험한 셀 수없이 많은 고난과 좌절이, 당시에는 앞이 보이지 않고 벼랑 끝이라고 여긴 것들이 나중에는 성공의 토대가 되어 주었다.
‐이나모리 가즈오

재미로 가득하고 고통이 없는 삶이 곧 행복이라고 굳게 믿는다면 진정한 행복을 얻을 가능성은 오히려 줄어든다. 재미와 즐거움이 행복과 동일하다면 고통은 불행과 동일해야 한다. 하지만 사실은 그 반대다. 행복에 이르는 길에는 보통 어느 정도의 고통이 수반된다. ‐지그 지글러

무릎을 봐라. 무릎이 성한 사람은 값어치가 없다. 일어설 때 몇 번이고 무릎을 깨뜨려 본 사람, 무릎에 상처가 있는 사람이 삶을 제대로 사는 사람이다. 누가 시키지도 않는데 자빠져가면서, 무릎을 깨뜨려가면서 우리는 성장해간다. ‐이어령

인간의 뇌는 문제를 느끼지 않으면 지혜를 짜내지 않는다. 문제가 생기면 '왜''를 다섯 번만 반복해 보라. 해답이 나온다. ‐오노 다이이치

하늘이 장차 그 사람에게 큰 사명을 주려할 때는 반드시 먼저 그의 마음과 뜻을 흔들어 고통스럽게 하고, 그 힘줄과 뼈를 굶주리게 하여 궁핍하게 만들어 그가 하고자 하는 일을 흔들고 어지럽게 하나니, 그것은 타고난 작고 못난 성품을 인내로써 담금질하여 하늘의 사명을 능히 감당할 만 하도록 그 기국과 역량을 키워주기 위함이다. -맹자

어려움이 닥치면 삼류 인생은 울어버린다. 이류 인생은 입술을 깨문다. 그러나 일류 인생은 웃는다. 새로운 도전이 성공의 기회가 되리라는 것을 알기 때문이다. 사람을 강하게 만드는 것은 사람이 하는 일이 아니라 하고자 하는 노력이다. 의지는 고난보다 강하다. -용혜원

고통을 겪어야 강하게 된다는 것이 얼마나 숭고한 것인가를 알라. 인내할 수 있는 사람은, 그가 바라는 것은 무엇이든지 손에 넣을 수가 있다. -벤자민 프랭클린

우리는 압박을 받을 때 투덜거리고 불평하는 사람들을 알고 있다. 그들은 겁쟁이들이다. 당당하지 못하다. 그러나 같은 압박을 받아도 불평하지 않는 사람들이 있다. 충돌이 자신을 연마시킨다는 것을 알기 때문이다. 그것은 사람을 단련시키고 당당하게 만드는 압박이다. -성 아우구스티누스

실패할 때는 창조성이 자극되게 마련이다. 밤낮없이 생각에 생각을 거듭할 수밖에 없다. 나는 그런 경험이 있는 사람을 주위에 두고 싶다. -빌 게이츠

누구나 꿈꾸고 희망하는 것은 천국이다. 하지만 꿈꾸고 희망하는 것을 현실화시키기 위해서는 지옥과 같은 현실의 가시밭길을 통과해야 한다. '꿈은 천국에 가깝고, 현실은 지옥에 가깝다'라는 말이 있는 것도 이런 연유다. -야나이 다다시

허물을 벗지 않는 뱀은 결국 죽고 만다. 인간도 완전히 이와 같다. 낡은 사고의 허물 속에 언제까지고 갇혀 있으면, 성장은 고사하고 안쪽부터 썩기 시작해 끝내 죽고 만다. 늘 새롭게 살아가기 위해 우리는 사고의 신진대사를 하지 않으면 안 된다. 니체
세상에서 가장 위험한 일은 위험을 전혀 감수하려 하지 않는 것이다. 잡고 있는 헌 밧줄을 놓아야 새 밧줄을 잡을 수 있다. 똑같은 일을 비슷한 방법으로 계속하면서 나아질 것을 기대하는 것만큼 어리석은 일은 없다. -아인슈타인

성공을 이뤄낸 유명 인사들의 어린 시절을 수십 년에 걸쳐 탐구한 결과, 그들에게서 한 가지 공통점을 발견했다. 그것은 그들 모두 어린 시절 넘지 못할 거대한 장애물에 가로막혀 있었다는 사실이었다. 그들이 맞닥뜨린 신체적, 정신적, 그리고 금전적인 장애물은 오히려 성공을 위한 강한 자극제가 되어주었다. 만약 그들에게 뛰어넘어야 할 문제가 전혀 없었다면 그렇게 성공할 수 없었을 것이다. -빅터

성공을 위해서는 반드시 실패가 필요한 법이다. 별다른 고생 없이 평탄한 삶을 산 사람 중에 커다란 업적이나 성취를 이룬 사람을 찾아보기 힘들다. 그것이 세상의 이치다. 위인들은 역경에도 불구하고 위인이 된 것이 아니라 사실 역경 덕분에 위대한 업적을 이룰 수 있었던 것이다. 이들에게는 역풍이 오히려 반가운 존재다.
-김주환 실천과 습관을 위한 조언

모든 성공과 실패의 95%는 습관이 결정한다. 좋은 습관은 어렵게 형성되지만 성공으로 이끌고, 나쁜 습관은 쉽게 형성되지만 실패로 이끈다. 습관의 사슬은 거의 느낄 수 없을 정도로 가늘지만, 깨달았을 때는 이미 끊을 수 없을 정도로 완강하다.
-린든 존슨

새는 알을 깨고 나온다. 하나의 세계를 파괴하지 않으면 새로운 세계로 나갈 수 없다. 알을 깨고 나온 새는 신을 향해 날아간다. -소설 데미안

나비로 변하려면, 일단 번데기가 되어야 한다. 유충이 나비로 변하기 전에는 번데기가 되어 죽은 척하는 법이다. 이처럼 인간들도 흐름을 바꾸고 싶을 때에는 이전의 자신을 죽이고, 죽은 시늉을 하는 것이 좋다. 후지하라 가즈히로

하루 연습하지 않으면 자기가 알고, 이틀을 연습하지 않으면 동료가 알고, 사흘을 연습하지 않으면 청중이 압니다. 성공의 비밀은 끊임없는 연습입니다.
-바이올린 연주자 장영주

뇌는 생물이 환경에 적응해 살아가기 쉬운 프로그램을 만들기 위해 존재한다. 목표가 달성되면 두뇌는 활동을 멈추게 되고, 결과적으로 뇌 활성화가 둔화된다. 사람은 끊임없이 목표를 만들고 도전하지 않으면 점점 추락해간다. 이런 불행을 피하기 위해서는 하나의 목표를 달성하고 나면 그 즉시 다음 목표를 설정해서 뇌에 새로운 프로그램을 입력해야 한다. -무라카미 가즈오

아는 것이 힘이던 시대는 지났다. 생각이든 결심이든 실천이 없으면 아무 소용이 없다. 아무것도 달라지지 않는다. '하는 것'이 힘이다. 1퍼센트를 이해하더라도 그것을 실천하는 자가 행복한 사람이다. -우종민 박사

좋은 계획에서 좋은 행동으로 가는 길처럼 먼 것은 아무것도 없다. 모든 성공한 사람들을 묶어주는 공통점은 결정과 실행 사이의 간격을 아주 좁게 유지하는 능력이다. 미룬 일은 포기해 버린 일이나 마찬가지다. -피터 드러커

세상에서 가장 파괴적인 단어는 '나중'이고, 인생에서 가장 생산적인 단어는 '지금'이다. 힘들고 불행하게 사는 사람들은 '내일' 하겠다고 말하는 반면, 성공하고 행복한 사람들은 '지금'한다고 말한다. 그러므로 내일과 나중은 패자들의 단어이고, 오늘과 지금은 승자들의 단어이다. -이민규 교수

성공의 역설 중 하나는 당신을 그곳까지 오게 해준 방법들이 당신을 계속 그곳에 머물러 있지 못하게 한다는 것이다. 미래 성공의 최대 적은 오늘의 성공이다. 어떤 성공을 거두더라도 현실에 안주하지 마라. 잠시 성공을 즐기고 위대한 성장을 위해 다음 발걸음을 내디뎌라. -찰스 핸디

인간을 성공으로 이끄는 가장 강력한 무기는 풍부한 지식이나 피나는 노력이 아니라 바로 습관이다. 왜냐하면 인간은 습관의 노예이기 때문이다. 아무도 이 강력한 폭군의 명령을 거스르지 못한다. 그러므로 다른 무엇보다도 내가 지켜야 할 첫 번째 법칙은 좋은 습관을 만들고 스스로 그 습관의 노예가 되는 것이다. -오그 만디노

아직!! 더 성장할 수 있다는 믿음이 현재와 미래, 인생과 삶을 바꿉니다

꿈은 이루어진다.
노력한 자한테만
여러분 꿈을 꾸십시오
여러분 꿈을 이루십시오
그리고, 꿈을 지키십시오
그리고, 꿈을 포기하지 마십시오

지금 당장은 미래를 알 수 없지만
다만 현재와 과거의 사건들만은 연관시켜 볼 수 있을 뿐입니다.
그 무엇이든 믿음을 가져야 합니다.

왜냐하면 현재가 미래로 연결된다는 믿음이
나의 가슴을 따라 살아갈 자신감을 줄 것이기 때문입니다.
그리고 그것이 인생의 모든 차이를 빚어 냅니다.

실패를 하더라도 여전히 꿈을 사랑합니다.
여전히 꿈에 대한 열정은 식지 않았습니다.

지금은 최고의 창의력을 발휘하는 시기로 갈 수 있게 되었습니다.
때론 꿈이 배신을 하더라도 결코 믿음을 잃지 않을 것입니다.

계속 움직이게 하는 힘은 바로 꿈을 찾는 열정입니다.

우리의 시간은 한정되어 있습니다.
끊임없이 갈망하고 끊임없이 탐구해야 합니다.

Steve Jobs...

인간의 평균 수명이 100세가 되는 시대가 눈앞에 왔습니다. 청소년들은 이제 겨우 인생의 10~20% 미만에 서 있습니다. 그런데 벌써 포기해야 할까요? 아직 만들지 못한 나만의 미래, 인생, 멋진 삶과 행복을 꿈꾸어 보세요. 이제까지의 나의 모습은 지금 이 순간부터 과거가 됩니다. 지금!! 이 순간부터 현재를 만들고 미래를 내 것으로 만드는 출발선에 서 있다고 생각해 보세요. 고인 물은 썩는다고 하지요. 동굴 속에서 빛을 찾아 나오면 새로운 세상이 기다리고 있습니다. 우리는 아직!! 완벽하지 않습니다. 그래서 아프고 상처입고 힘이 들고 괴롭습니다. 고통이 없으면 성장할 수 없습니다. 힘이 들지 않다면 벌써 누구나 다 했겠지요.

청소년 여러분이 살아갈 세상은 지금보다 더욱 빠르게 발전하고 더 많은 것들이 연결되어 이제까지 경험하지 못한 세상이 만들어집니다. 러다이트 운동처럼 변화를 막을 수 없지요. 학교 공부만 잘한다고 성공과 행복을 보장하지 않습니다. 불확실성이 점점 더 커지거든요. 그래서 여러분의 마인드, 학습 능력, 역량과 실력을 지금 단계에서 멈추지 말고 계속 성장시키면 더 많은 기회, 가치, 의미를 찾아 세상에 당당히 여러분을 외치고 인생과 삶을 주도하며 할 수 있는 것, 해보고 싶은 것, 되고 싶은 모습이 될 수 있는 것입니다.

완벽한 성장형 공부법으로 마인드셋, 학습력, 미래 역량을 지속적으로 성장시켜 현재와 미래를 새롭게 만들고 빅 픽처와 꿈 너머 꿈을 만들어 더 나은 세상을 만들 수 있습니다. 세상이라는 무대에 당당히 자신을 외쳐볼 수 있습니다. 공부뿐만 아니라 인생을 살면서 마주하게 될 다양한 복합 문제와 학습의 영역에서 민첩하고 유연하게 학습하고 실패를 통한 학습과 협력과 협업, 소통과 집단 지성의 힘으로 더 나은 세상을 만들 것입니다. 아직 여러분에게는 더 많은 날이 남아 있고 더 많은 가능성과 기회가 숨겨져 있습니다. 드림 캐처(Dream Catcher)가 되어 보세요. 언제나 여러분의 믿음과 꿈, 노력과 실패를 통한 학습을 응원합니다.